El mundo de

Alice

D1713793

DEC 1 9 2013

Alice Herz, Praga, alrededor de 1924

Caroline Stoessinger

El mundo de Alice

Lecciones de vida de una superviviente del Holocausto

DIANA

Obra editada en colaboración con Editorial Planeta - España

Título original: *A Century of Wisdom*

Imágenes de portada: © Lambert - Getty Images
© Lambert Araki Line, 2008
Fotografías, a excepción del frontispicio: © Yuri Dojc

© 2012, Editorial Planeta Mexicana, S.A. de C.V.
Bajo el sello editorial DIANA M.R.
Avenida Presidente Masarik núm. 111, 2o. piso
Colonia Chapultepec Morales
C.P. 11570 México, D.F.
www.editorialplaneta.com.mx

SPANISH
940.53lS

Primera edición impresa en España: septiembre de 2012
ISBN: 978-84-08-10996-9

Primera edición impresa en México: septiembre de 2012
ISBN: 978-607-07-1354-5

Impreso en los talleres de Litográfica Ingramex, S.A. de C.V.
Centeno núm. 162, colonia Granjas Esmeralda, México, D.F.
Impreso en México – *Printed in Mexico*

ÍNDICE

Para Anna

Ya ni hacia adelante ni hacia atrás
miro con esperanza o miedo,
pero, agradecido, tomo el bien que encuentro,
lo mejor de ahora y aquí.

JOHN GREENLEAF WHITTIER, 1859

PRÓLOGO DE
VÁCLAV HAVEL

El mundo de Alice es un relato profundamente conmovedor del épico periplo de una mujer que ha atravesado décadas y fronteras de países para desafiar a la muerte e inspirarnos a todos. Como resultado de la belleza de nuestra cultura centroeuropea y de los trágicos acontecimientos del siglo xx que aislaron Checoslovaquia del resto del mundo durante casi cincuenta años, la vida de Alice Herz-Sommer ilustra una fuerza profundamente ética y espiritual. Sus recuerdos son nuestros recuerdos. A través de su sufrimiento, recordamos nuestros tiempos más oscuros. A través de su ejemplo, nos decidimos a descubrir lo mejor de nosotros mismos.

A sus ciento ocho años, Alice disfruta contando historias de la vida de los grandes pensadores —desde Gustav Mahler a Sigmund Freud y Viktor Frankl, desde Martin Buber a Leo Baek— que han dejado una marca indeleble. Con su música —como concertista y profesora de piano— ha influido en innumerables estudiantes, sus hijos y los hijos de sus hijos, del mismo modo que confortaba a sus compañeros presos en el campo de concentración de Theresienstadt con su talento. Desde la guerra, Alice ha sido a partes iguales profesora y estudiante; ha dedicado toda su vida a la incansable búsqueda del conocimiento y la comprensión de quiénes somos como humanos, como conjunto y como individuos.

Alice ha dicho: «Yo nunca pierdo la esperanza». Esta afirmación resuena fuerte en mí, porque yo creo que la esperanza está relacionada con el sentimiento de que la vida tiene sentido, y mientras sintamos que lo tiene, tenemos una razón para vivir. El incontenible optimismo de Alice me inspira. Ella ha sobrevivido, creo yo, para que el mundo pueda conocer su historia, nuestra historia, de verdad y belleza ante la cara del mal. No sólo nosotros podemos aprender de Alice, también las futuras generaciones pueden obtener sabiduría y esperanza de la rica trama de su vida.

PRELUDIO

Con ciento ocho años de edad, Alice es la superviviente más longeva del holocausto, y también la concertista de piano más anciana. Testigo del siglo xx y de la primera década del siglo xxi, lo ha visto todo; lo mejor y lo peor de la especie humana. Ha vivido su vida con un telón de fondo del bien en medio del caos del mal, y aun así, continúa riéndose a carcajadas con el mismo optimismo que cuando era niña.

A pesar de los años de cautiverio en el campo de concentración de Theresienstadt y de los asesinatos de su madre, su marido y sus amigos a manos de los nazis, la habilidad de Alice para seguir adelante y vivir cada día en el presente es asombrosa. No ha desperdiciado tiempo en amarguras hacia sus opresores y los ejecutores de su familia. Consciente de que el odio carcome el alma del que odia y no de la del odiado, Alice razona: «Aún estoy agradecida por la vida. La vida es un regalo». *El mundo de Alice* habla de una mujer que siempre tuvo la determinación —ante algunos de los peores males y sufrimientos— de traer el bien al mundo. En la historia de Alice podemos encontrar lecciones útiles para nuestras propias vidas en el siglo XXI. Éste es el regalo que ella nos da.

Su apellido, Herz-Sommer, significa «corazón de verano», aunque nació un día de frío intenso, el 26 de noviembre de 1903, en Praga. Sus padres, Friedrich y Sofie Herz, le pusieron el nombre de Alice, que significa «de estirpe noble». Su padre fue un exitoso comerciante y su madre poseía una exquisita educación y se movía en círculos de artistas y escritores reconocidos entre los que se encontraban Gustav Mahler, Rainer Maria Rilke, Thomas Mann, Stefan Zweig y Franz Kafka.

Alice creció en un ambiente seguro y pacífico, en el que sus principales entretenimientos eran leer y asistir a conciertos; los vecinos se ayudaban entre sí en casos de enfermedad, y las familias podían calcular sus intereses y la jubilación con muchos años de antelación. Antes de la segunda guerra mundial, Alice tenía una prometedora carrera como concertista de piano. Inspirada por el profundo amor y conocimiento de la música de su madre así como por su amistad con Mahler, había decidido ser concertista de piano a una edad muy temprana. Recuerda que acompañó a su madre en tren a Viena dos días antes de cumplir cuatro años para escuchar a Mahler dirigiendo la orquesta del Hofoper en un concierto de despedida con una interpretación de su *Segunda Sinfonía*, el 24 de noviembre de 1907. Alice dijo que después del concierto su madre charló con el compositor checo, y luego lo hizo ella: «Hablé un poco con Gustav Mahler». Aprieta los labios y levanta los hombros con una expresión de asombro por ese momento en presencia del genio. Lo más seguro es que Alice estuviera con su madre cuando ésta, junto con Arnold Schoenberg, se hallaba entre la muchedumbre en la estación para despedir a Mahler mientras su tren partía de Viena la mañana después del concierto.

Años más tarde, después de una audición para Artur Schnabel, se convenció de que podía hacer carrera como pianista. En numerosas ocasiones fue la solista de piano en la Czech Philharmonic y realizó múltiples grabaciones comerciales, por las que recibió críticas entusiastas de Max Brod, amigo y biógrafo de Kafka en *Prager Tagblatt*, el diario en alemán de Praga.

Pero el mundo en torno a Alice se había vuelto loco. Las leyes checas fueron abolidas. La ciudad estaba inundada de banderas nazis. En una ocasión, Alice tomó una fotografía de su hijo, que en ese entonces tenía tres años, frente a un cartel que decía JUDEN EINTRITT VERBOTEN («prohibida la entrada a judíos»), lo cual le impedía entrar a su parque favorito. Después del Anschluss,* en marzo de 1938, las hermanas Herz y sus familias iniciaron precipitadamente los preparativos para emigrar a Palestina. Pero al final, Alice y su marido decidieron quedarse con su hijo para cuidar a su anciana madre, que sería una de las primeras en ser

* Término alemán que significa «unión». Se refiere a la incorporación de Austria a la Alemania nazi en 1938 como una provincia del III Reich. (*N. del t.*)

enviada al campo de concentración de Theresienstadt. De modo instintivo, Alice comprendió que nunca volvería a ver a su madre mientras la observaba caminar penosamente con su pesada mochila hacia un enorme edificio que los nazis habían confiscado para utilizar como centro de hacinamiento. «Donde se queman libros, se acaba quemando personas», había advertido Heinrich Heine un siglo antes. Aun así, la mayoría de la gente no creyó sus terribles predicciones.

A principios de 1939, los restos del ejército y el gobierno checoslovaco, junto con el presidente del país, Edvard Beneš, habían huido a Inglaterra, hacia donde habían sido fletados trenes llenos de niños judíos para que vivieran con ciudadanos de ese país. Todas las puertas del mundo democrático se cerraron de golpe. La embajada británica estaba clausurada y los americanos también estaban marchándose. Soldados nazis armados con metralletas patrullaban las calles. El último tren con destino a Londres, con más de trescientos niños judíos en su interior, nunca salió de la estación; la mayoría de ellos desaparecieron para siempre.

En julio de 1943, a Alice, su marido —el empresario y violinista amateur Leopold Sommer— y su hijo de seis años —Raphaël, *Rafi*— se les notificó que también iban a ser deportados a Theresienstadt. Alice tenía la esperanza de encontrar allí a su madre, pero Sofie ya había sido enviada hacia el este, seguramente a Treblinka.

Theresienstadt no era un campo de concentración corriente. Desde fuera parecía una pequeña ciudad superpoblada en la que había miles de personas yendo de acá para allá y donde a menudo se oía música: era la maquinaria propagandística de Hitler en funcionamiento. El Führer había presentado Theresienstadt como el lugar donde los músicos, los escritores, los artistas distinguidos y los ancianos serían protegidos de la guerra. Aunque, en realidad, el campo era una prisión fuertemente vigilada, una estación de tránsito a Auschwitz y otros campos de exterminio distribuidos por toda Europa del Este. Dentro de sus muros, el talento y la inteligencia de Checoslovaquia, Austria, Holanda, Dinamarca y Alemania padecía constantemente hambre, frío, enfermedades infecciosas, tortura y muerte por ahorcamiento. De los 156.000 judíos presos en Theresienstadt, apenas sobrevivieron 17.500. Entre 1942 y 1945 más de quince mil niños judíos fueron detenidos y enviados a Theresienstadt. Sólo hubo 93 supervivientes; entre ellos estaba Rafi.

No obstante, a diferencia de otros campos, en Theresienstadt la vida tenía una pátina de normalidad. A pesar del terror y la privación, los músicos practicaban, los actores actuaban, los profesores impartían lecciones, los artistas dibujaban y los amigos incluso intercambiaban bromas. Aprovechándose de las dotes artísticas de los confinados, los nazis impusieron representaciones con fines propagandísticos. No tuvieron en cuenta, sin embargo, que esos conciertos ayudarían a sobrevivir tanto a los oyentes como a los intérpretes.

Fue el caso de Alice Herz-Sommer, quien interpretó más de cien piezas musicales para sus compañeros presos y se las ingenió para dar lecciones de piano secretamente en el campo.

Cuando el ejército soviético liberó Theresienstadt, el 8 de mayo de 1945, Alice y Rafi regresaron a Praga, sólo para descubrir que en su apartamento estaban viviendo unos desconocidos. Como tenían pocos recursos y prácticamente todos sus allegados habían desaparecido, en 1949, Alice tomó la decisión de emigrar a Israel, donde se reuniría con sus hermanas y sus familias y con algunos de sus amigos, entre ellos Max Brod. Siguió adelante para construir una nueva vida, y con cuarenta y cinco años, Alice aprendió hebreo. Se mantenía a sí misma y a su hijo enseñando en el Conservatorio de la Academia de Música de Jerusalén (más tarde rebautizada con el nombre de Academia de Música Rubin), pero, aunque siguió ofreciendo conciertos en Israel y más tarde también, de vez en cuando, en otros países de Europa, Alice nunca retomó su carrera internacional. Los años perdidos en el campo de concentración junto con su necesidad de ganar dinero y cuidar de su hijo acaparaban su tiempo y energía.

Rafi se convirtió en un exitoso chelista y, a sus ochenta y tres años, Alice volvió a cambiar de país y se trasladó a Londres para estar cerca de su hijo. La repentina muerte de éste a los sesenta y cinco años sumió a la pianista en una gran tristeza.

La primera vez que vi a Alice fue en su casa de Londres, cuando empecé a trabajar en un documental sobre su vida. Llevaba años investigando sobre la música del Holocausto y especialmente la del campo de

Theresienstadt, donde mi marido había perdido a sus abuelos. ¿Cómo era posible que alguien interpretara conciertos o compusiera música en tales condiciones? Había oído hablar de Alice a otros supervivientes de Theresienstadt y especialmente a través de las largas charlas que mantuve con Joza Karas, un músico emigrado de Checoslovaquia que había grabado muchas horas de conversación con Alice en la década de los setenta.

En respuesta a la tragedia del 11-S, Alice me replicó: «Por supuesto que fue terrible, pero ¿por qué te sorprende tanto? El bien y el mal han existido desde tiempos inmemoriales. Lo importante es cómo lo manejamos, cómo respondemos». A continuación se rió. Aunque en ese momento me resultó desconcertante, pronto descubriría que esa particular risa era su modo de enfatizar la importancia de sus palabras. Reprendiéndome gentilmente, continuó: «¿No es maravilloso? Has tomado un avión y has llegado a Londres en unas horas. Podemos sentarnos y hablar. Estamos vivas. Tenemos música. Ambas somos ricas por ser pianistas. Es una fortuna que nadie podrá arrebatarnos jamás». Eso me hizo recordar algo que dijo Leonard Bernstein después del asesinato del presidente Kennedy: «Ésta es nuestra respuesta a la violencia, haremos la música del modo más hermoso, urgente y apasionado que se haya hecho jamás».

Aunque no ha actuado en público durante el último cuarto de siglo, Alice se ha mantenido fiel a su compromiso, interpretando a Bach y Beethoven, Chopin y

Schubert —todo de memoria— al menos tres horas al día. A menudo, también toca música de cámara en su casa algunas tardes con músicos que acuden a visitarla. Ella cambia de idioma fácil y fluidamente. Aunque el alemán fue su primera lengua y el checo la segunda, habla bien inglés, francés y hebreo.

Alice vive sola, pero no se siente sola. Lo tiene todo y nada; todo lo espiritual, pero nada material. El saldo de la cuenta bancaria de su mente es incalculable. Sus posesiones materiales sólo incluyen unas prendas de vestir muy antiguas, un desgastado reproductor de vídeo, un televisor, unas cuantas fotografías y su indispensable piano vertical.

A pesar de los surcos y las manchas que dejaron en su cara los años bajo el sol de Jerusalén, la característica física de Alice que más destaca es su sonrisa. Originada en algún lugar de lo más profundo de su ser, irradia y explota en un cordial y cálido júbilo. La sonrisa de Alice es, a la vez, inquisitiva y no juzgadora. Refleja un mundo de memorias coloreadas con el amor que procede de sus años de comprensión.

Hace ejercicio todos los días, da largos paseos, caminando lenta y cautelosamente con sus zapatillas deportivas para evitar caídas; no utiliza ni bastón ni audífono. Hasta hace poco, Alice estudiaba historia y filosofía en la Universidad de la Tercera Edad. Ella admite que todo esto «parece un milagro».

El mundo de Alice está basado en las memorias de Alice tal como me fueron relatadas en incontables horas de entrevistas filmadas en Londres y en conversaciones telefónicas desde 2004 hasta 2011. Conocer a Alice es ver el mundo de nuevo a través de los ojos de una mujer que ha sobrepasado ampliamente el siglo de vida. Persistente en mantener su independencia hoy día, Alice es sumamente optimista, algo poco común a esa edad. Su curiosidad y energía emocional inspiran a todo aquel que tiene la buena suerte de conocerla. Estudiante de filosofía, ha puesto en práctica lo que enseñan los filósofos. Ella siente especial predilección por Epícteto, el antiguo y estoico filósofo griego que escribió: «El hombre sabio es aquel que no se aflige por las cosas que no tiene, sino que se alegra por las que tiene».

He aprendido mucho de Alice, que ve nuestras debilidades y triunfos humanos con la ecuanimidad y claridad que le permite la posición ventajosa de su avanzada edad. El optimismo y los valores profundamente humanísticos que aprendió de niña, que marcan el ritmo de su ser, jamás la han abandonado en más de un siglo. Su biografía podría ser nuestro libro de referencia para vivir una vida mucho más rica. Con seguridad la suya es la clave para mantenerse joven.

1
ALICE Y FRANK KAFKA

Al abrir el cerrojo de la puerta del jardín, Alice, con seis años, vio por primera vez a un alto y delgadísimo joven que, muchos años después, sería conocido como uno de los mayores escritores del siglo xx. Para ella, Franz Kafka era el tío Franz. Llegó en un coche de caballos con un pequeño ramo de flores multicolores para su madre. Las flores se habían ajado por el sol, porque había tenido que pararse para darle al caballo unas manzanas. «Pobre Franz —recuerda Alice—. Se disculpó por las flores. Pero no por su triste estado, sino porque eran de colores diferentes. Dijo que, simplemente, no podía decidir qué color elegir.»

Alice tenía dos hermanos mayores, Georg y Paul, y dos hermanas, Irma, doce años mayor que ella, y Marianne, a quien llamaban Mitzi, que era su gemela. Irma se había comprometido con Felix *Fritz* Weltsch, un extrovertido joven filósofo que conoció a Kafka cuando ambos estudiaban leyes en la Universidad Charles de Praga. Habiendo rechazado ambos la práctica de la abogacía, pronto se hicieron amigos al coincidir trabajando en la misma compañía de seguros. Además del trabajo, Weltsch preparaba un segundo doctorado en filosofía, mientras que Kafka escribía y empezaba a publicar, y junto con Max Brod y Oscar Baum formaron el Círculo de Praga. Más tarde hicieron amistad con un joven poeta, Franz Werfel.

Como era natural, Weltsch invitó a sus mejores amigos a conocer a su futura familia política. Kafka se sentía tan cómodo en el literario y musical hogar de los Herz que su presencia acabó siendo habitual en su mesa de los domingos. «Era (como) un miembro de nuestra familia», dice Alice. En conflicto con su identidad judía, encontró la calidez de su secular y tranquila vida judeo-alemana. Durante toda su vida, Kafka estuvo en una especie de encrucijada con respecto a su herencia judía, viviendo con valores judíos, sin apego, a tradiciones religiosas organizadas, más allá de su Bar Mitzvah.* Se presentaba a sí mismo, al mundo y a sus amigos como miembro de la burguesía europea, con impecables modales y distinguida vestimenta. Es casi imposible encontrar una fotografía de Kafka con indumentaria informal. De niña, a Alice le parecía extraño que Franz siempre fuese vestido como para ir a la oficina incluso en excursiones o picnics.

La observadora Alice no tardó en analizar y aceptar las cosas de Kafka. Podía llegar tarde, olvidar algo o incluso perderse y se disculpaba por todo ello. Se excu-

---

* Ceremonia judía a partir de la cual los niños y niñas judíos son considerados responsables de sus actos. (N. del t.)

saba tan a menudo que a Alice le parecía que estuviera justificándose por la comida que ingería o incluso por estar vivo, simplemente. La pequeña llamaba a esas recurrentes y excesivas disculpas «ceremonia apologética de Kafka». Pero, una vez superado esto, era muy divertido y muy responsable con los niños. En verano, Kafka, que era un espléndido nadador, organizaba fiestas bajo el puente Charles. Alice y Mitzi solían ser invitadas, junto con Irma y su novio. Mucho antes de conocer a Kafka, Alice se había convertido en una vigorosa nadadora y no tenía ninguna dificultad en cruzar el río Moldava compitiendo en una carrera.

Uno de los recuerdos más entrañables que Alice tiene de Kafka es del día de verano que apareció de improviso en su casa del campo cuando libraba la niñera. Las gemelas estaban nerviosas e impacientes; querían explorar el bosque cercano o ir a algún sitio de excursión. El recién llegado sugirió realizar una marcha por la campiña. Sofie dio su permiso reticentemente y el escritor, con Alice y Mitzi de acompañantes, se puso al frente de lo que se convertiría en un día de aventuras, ejercicio y diversión. Era un caminante veloz, ya que había practicado deporte para fortalecer su frágil cuerpo. Las niñas se esforzaron para mantener su paso, pero después de los primeros kilómetros, tuvieron que aminorar la marcha y luego parar para descansar. Kafka encontró un tronco que las gemelas podían usar como banco y un tocón para él mismo. Desde su posición, captó su atención con historias de bestias salvajes, imaginarias. Cuanto más se reían, más extravagantes iban volviéndose las invenciones de Kafka. Aproximadamente una hora después, hizo aparecer «mágicamente» sándwiches y un termo de té, asegurando que un animal invisible, mitad oso y mitad cabra, los había dejado para ellos en el bosque. El futuro gran escritor se divirtió tanto como sus protegidas.

Alice siempre recordará a Franz Kafka como un «niño eterno».

Desde que tenía nueve años, se sentaba al lado de su madre y lo escuchaba hablando sin parar del libro que estaba escribiendo o del que quería escribir. Sofie estaba fascinada por el talento del autor: la literatura y la música se habían convertido en una vía de escape de su infeliz matrimonio concertado. A la mujer le fascinaban particularmente las frases con las que Kafka empezaba sus obras, que, en los primeros años del siglo xx, eran modernas, incluso revolucionarias. Comenzó su novela *El proceso* con: «Alguien debió de haber calumniado a Josef K., pues fue detenido una mañana, sin haber hecho nada malo». *La metamorfosis* empieza con «Una mañana, tras un sueño intranquilo, Gregorio Samsa se despertó convertido en un monstruoso insecto». Y *El castillo* atrae a los lectores con «Cuando K. llegó era noche cerrada».

Alice le suplicaba que le contara las historias una y otra vez. Pero siempre quería saber el final; y a eso, él no podía responder. Simplemente, no podía concluir su trabajo. Más tarde escribiría: «Estoy familiarizado con la indecisión, no hay nada que conozca tan bien, siempre que se me ocurre algo, me quedo sin fuerzas, agotado por las tímidas inclinaciones y dudas sobre mil trivialidades previas».

Cuando Alice y su madre le preguntaron por qué fue a la Facultad de Derecho y cursó la carrera si no quería ejercer, la respuesta de Kafka fue que no pudo decidir qué estudiar. Dejó esto doblemente claro cuando, después de despedirse de la compañía legal Richard Lowy, escribió: «Nunca fue mi intención quedarme en la abogacía. El 1 de octubre de 1906, entré a su servicio y estuve allí hasta el 1 de octubre de 1907».

Un año, Kafka celebró la Pascua con la familia Herz. A pesar de su aversión a tales tradiciones, pasar la Pascua con los familiares de Alice hizo que esta solemne fiesta le pareciera un alegre asunto familiar. En el hogar de los Herz parecía tolerar e incluso aceptar aquello que, precisamente, despreciaba en su propia familia, en especial la hipócrita práctica anual de las tradiciones judías por parte de su padre. En *Carta al padre*, Kafka escribió: «No podía entender cómo, con la insignificante parte de judaísmo que tú posees, podías reprocharme que yo, por "piedad", según tu expresión, no me esforzara por practicar nada similar... Ibas al templo cuatro días al año, allí te hallabas, en el mejor de los casos, más cerca de los indiferentes que de aquellos que se tomaban la cosa en serio».

En fiestas, la ortodoxa madre de Sofie, que vivía con ellos, se hizo cargo de la cocina e hizo todo lo que pudo para conservar la tradición de Pascua. Con la ayuda de la sirvienta, hizo sopa de pollo kosher,* bolas de matzo,** y la más tierna carne de ternera. Unos días antes de la fiesta, retiró todos los restos de pan y pastas hechas con levadura y lavó los utensilios de cocina, los platos y los vasos con agua hirviendo. Sofie y los niños ayudaron en la limpieza de la casa. Pulieron la plata y pusieron su mantelería más fina. Alice era la más aplicada, trabajaba mucho para ganar la aprobación de su madre y de su abuela.

El padre de Alice, que por lo general era excesivamente frugal, abrió su casa a amigos —gentiles, vecinos, extraños y pobres— para la celebración, como dice la tradición. También invitó al más antiguo de los empleados de su fábrica para compartir la fiesta del Séder.*** En 1912, el año que Kafka participó en el Séder, el de los Herz fue uno de los más grandes: además de la familia y de Felix, estaban Kafka, los vecinos, varios trabajadores de la fábrica y Oscar Baum. Irma advirtió a Alice que tratase a Baum, que estaba ciego, igual que a los demás. Mucho después, cuando Max Brod escribió sobre el primer encuentro entre Kafka y el escritor, Alice se dio cuenta de que el consejo de su hermana fue decisivo en su educa-

* Alimentos kosher son aquellos que se ajustan a las normas en el marco halájico de la ley judía. *(N. del t.)*

** Las bolas de matzo son una receta típica de la cocina de los judíos de Europa central y oriental, elaboradas con harina de trigo. Se suelen servir con sopa caliente. *(N. del t.)*

*** El Séder es un importante ritual judío en el que las familias leen en torno a la mesa el Hagadá, el relato de la salida de Egipto del pueblo de Israel. *(N. del t.)*

ción moral. Cuando Brod los presentó, Kafka se inclinó en silencio ante Baum, saludando al invidente como a un igual. «Así era él —decía Baum—. De una profundidad humana superior al trato cordial corriente.»

Alice no recuerda a todos los que acudieron a la fiesta ese año. Lo que sí recuerda es haber doblado las servilletas blancas como la nieve, por eso sabe que aquella noche hubo muchos invitados sentados a la mesa. Alice también cree recordar que Kafka le pidió que se sentara a su lado.

Alice y Mitzi se encargaron de distribuir el Hagadá,* los textos que relataban la historia de Pascua. Friedrich Herz, que también tuvo una educación ortodoxa, dirigió la sucinta lectura en alemán; Alice y Mitzi, las más jóvenes, leyeron las cuatro preguntas juntas y a su continuación su padre explicó el antiguo significado de la Pascua. Más tarde Kafka ayudó a las niñas a buscar el afikoman.** Todos repitieron el antiguo lema: «Este año estamos aquí, el año que viene en Jerusalén». Nadie, excepto posiblemente Kafka, podría imaginar que Jerusalén se convertiría en su paraíso seguro en menos de treinta años. Cuando con su potente voz de barítono, su padre condujo el Dayenú,***

---

* El Hagadá es el relato de la salida del pueblo judío de Egipto. *(N. del t.)*

** El afikoman es un postre, a base de harina de matzá, que durante el Séder se suele esconder para que los niños lo encuentren. *(N. del t.)*

*** Dayenú es un canto de agradecimiento a Dios que forma parte de la Pascua judía. *(N. del t.)*

la canción favorita de Pascua de los niños, todos, incluso Kafka, cantaron. Cuando los hombres se retiraron a la sala de estar para tomar el refinado brandi francés y fumar puros, le pidieron a Alice, que tenía ocho años, que tocara. Ella les complació con una bagatela de Beethoven y un vals de Chopin.

Kafka se enamoraba con frecuencia. Aunque manifestó claramente que soñaba con el matrimonio, se quejaba de que nadie le entendiera. «Tener una persona con esta comprensión, una mujer por ejemplo… sería como tener a Dios», escribió en su diario. No buscaba una mujer a quien le preocuparan los candelabros de cristal y, como dice Alice, «ese pesado mobiliario alemán». Pero ella y su madre estaban seguras de que nunca se decidiría a casarse. Presentó a Felice Bauer como su novia, y luego rompió el compromiso, sólo para volverse a comprometer con ella una segunda vez durante unas pocas semanas, hasta que volvió a cambiar de idea. Esperando confortarle, la madre de Alice le sugirió a Kafka que él, como Beethoven y Brahms, era un artista que, más que a una mujer, pertenecía al mundo.

Pero eso fue antes de Dora Diamant. Tanto Alice como su madre sintieron que Dora, una joven de veinticinco años, era diferente y representaba una presencia positiva en su vida. Sofie decía que Franz había encontrado su propia naturaleza en Dora, y esperaba que se casara con ella. Rememorando esos días, Alice siente que su madre acertó instintivamente. A Kafka le atraía el espíritu independiente de esa joven tanto como su dulzura maternal. Viéndola escamar y destripar el pescado en la cocina de un campamento de verano, soltó con desaprobación: «Unas manos tan dulces para una tarea tan sangrienta». Dora se puso nerviosa. Brod reveló: «Ése fue el comienzo de su amistad con Dora Diamant, la compañera de su vida».

Como la madre de Kafka, Dora había tenido una educación ortodoxa pero, como el escritor, había escapado a los planes de su familia para su vida. Aunque Kafka había celebrado su Bar Mitzvah en 1886, desde entonces se había declarado ateo y socialista. La familia de Dora insistía en que se casara pronto y esperaban de ella que fuera esposa y madre. Ella huyó de su casa y se fue a Berlín para estudiar, y se hizo maestra de guardería. Se había inclinado hacia el sionismo y compartía el interés de Kafka por la literatura judeoalemana que, más tarde, influiría en su fascinación por el Talmud. La pareja empezó a vivir junta en Berlín, algo que consideraban el primer paso hacia un hogar común permanente en Palestina.

Era evidente que Dora estaba completamente enamorada de Kafka. Cuando se encontraron por primera vez y se enamoraron al instante, Kafka tenía cuarenta años, quince más que Dora, y ya padecía de tuberculosis. Como su enfermedad pronto requirió hospitalización, fue ingresado en un sanatorio en Kierling, cerca de Viena. Alice recuerda la preocupación de su madre cuando Dora se instaló en el cuarto de Kafka para cuidarle día y noche. Milagrosamente, nunca contrajo la tuberculosis.

Por un tiempo él pareció mejorar e incluso escribió animadas cartas a Alice y su familia. A pesar de todo, el tiempo que pasaron juntos fue breve. El 3 de junio de 1924, apenas unos años después de que empezara su romance, el escritor murió, justo cuando estaba a punto de alcanzar la fama.

Su cuerpo fue llevado de regreso a Praga para ser enterrado en Strašnice, el Nuevo Cementerio Judío. Alice asistió a su funeral en la capilla del cementerio junto a toda su familia. Tenía casi veintiún años por entonces y estaba bien encaminada hacia la consecución de su propia celebridad como pianista.

Alice vio a Dora una vez más: en Israel, en 1950, cuando emigró después de la guerra. La que había sido la compañera de Kafka se estableció en Inglaterra, después de escapar de la Rusia de Stalin y del Holocausto de Hitler. Se casó y tuvo una hija. Como apasionada sionista, esa mera visita a Israel —en la que coincidió con Alice— fue un sueño hecho realidad. En ese encuentro, Alice, Dora y Felix Weltsch compartieron historias de nuevo acerca de Kafka, y se plantearon si su fama póstuma le hubiese agradado o asustado. ¿Habría accedido a casarse con Dora finalmente si no hubiese muerto? Ésta, que a menudo utilizaba el nombre de Dora Kafka, todavía creía que habría sido su esposa, mientras que Alice estaba segura de que él habría encontrado algún astuto modo de eludir la decisión.

Alice nunca ha dejado de pensar en Frank Kafka y su amabilidad hacia ella. Pero ¿por qué era tan indeciso? ¿Por qué dejó sus libros sin acabar? Después de años de reflexión, charlas con Brod y la lectura de los numerosos libros de Kafka, Alice tiene una teoría que no se encuentra en ninguna de las biografías de él o de ella misma.

En efecto, Alice explica que la madre de Kafka era ortodoxa, mientras que su muy estricto y —según Franz— un tanto cruel padre era totalmente laico, puede que incluso ateo. Si Kafka hubiera practicado la fe de su madre, tendría que haberse enfrentado a la ira de su padre. Asimismo, renunciar a la religión de su madre y sus antepasados hubiera supuesto herir profundamente a quien le había dado la vida. Alice concluye: «Kafka nunca supo adónde pertenecía, nunca estuvo seguro de su identidad o de qué camino tomar. Elegir habría significado decepcionar a uno de sus progenitores. Éste, pienso yo, era el núcleo de su problema».

Alice destacó que al propio Kafka le divertiría que, en la actualidad, los eruditos debatieran sobre su obra de un modo *kafkiano*: algunos dicen que sus escritos no tienen nada que ver con el judaísmo o con sus raíces judías, mientras que otros declaran con fervor que su obra es una literatura genuinamente judía.

Alice acepta que ambos veredictos son parcialmente ciertos.

UN ANILLO DE ESMERALDA

«No era muy apuesto; no era nada bien parecido —confiesa Alice—. Pero era, oh, tan encantador… Las mujeres estaban locas por él.» Está refiriéndose al confidente y biógrafo de Kafka, Max Brod, a quien había conocido en Praga. Brod había escrito entusiastas reseñas de los primeros conciertos de Alice y era un buen amigo de su familia. Ambos volvieron a encontrarse en Israel, como inmigrantes, tras la llegada de Alice en 1949.

Siempre acompañado de una señorita, Brod estaba a la sazón enamorado de Annie, una joven pelirroja rusa. Decidió que esta bella mujer debía mejorar su habilidad al piano bajo la experta guía de Alice. Como era amigo y una de las pocas conexiones con su pasado en Praga, Alice aceptó incluirla en su apretada agenda.

Durante su segunda lección sonó el teléfono. Era Brod. «¿Está Annie todavía contigo? —le preguntó—. ¿Lleva puesto un anillo verde? ¡Le he regalado una esmeralda y quiero estar seguro de que todavía está en su dedo!» Alice corrió de vuelta al piano, miró la mano de la mujer y vio que le había dado la vuelta al anillo para que pareciese una alianza, con la pequeña piedra mirando hacia la palma de su mano. Más tarde, Brod admitió que estaba intentando rehabilitar su alma perdida y temía que hubiese vendido el anillo para comprar drogas de camino a sus clases.

Este incidente le recordó a Alice las historias que su hermano Paul le había explicado de las excursiones de Brod con Kafka a burdeles exclusivos de Praga. «*Plus ça change, plus c'est la même chose.*»*

Alice sonrió para sí misma y continuó con la clase.

* Proverbio francés que significa «Cuanto más cambian las cosas, más se mantienen igual». (*N. del t.*)

2
UN CORAZÓN TOLERANTE

«Me encanta la gente. Todo tipo de gente. Me encanta hablar con ella. —Alice curva los labios en una sonrisa entrañable. Luego, cerrando los ojos por un momento como si buscase las palabras correctas, aclara sus pensamientos—. Yo no veo a la gente como un grupo al que juzgar. Tras cada hombre y cada mujer hay una historia. Lo que me interesa es aprender de lo mejor de cada individuo.»

Alice cuenta historias de niños gitanos que vagaban por las calles de Praga cuando era niña. Algunos amigos ilustres de la familia de Alice solían cruzar al otro lado de la calle cuando veían a los niños calés de cinco y seis años acercarse para pedir unas monedas o algo de comer. A Alice le advirtieron seriamente que se mantuviera alejada de esa gente. «Son sucios y roban.»

«Pero nos están sonriendo. ¿Tendrán hambre?» Alice se acercaba a ellos, y cada vez que su madre o su padre la apartaban, se sentía mal.

Más tarde, evocaría a esos mismos niños cuando al piano acompañaba una interpretación de *Canciones gi-*

tanas, de Dvorak, basadas en la emocionante música folclórica calé, que le encantaba. ¿Y si ella hubiese sido gitana? ¿Cómo sería estar condenada al ostracismo? Nunca hubiese creído que lo descubriría de primera mano. Tampoco pudo prever que sus derechos como ciudadana checa le serían arrebatados. Después de todo, Checoslovaquia era un país libre y democrático en el que imperaba la igualdad de derechos. Incluso la pena capital apenas era aplicada.

Hitler odiaba a los judíos más de lo que le desagradaban los gitanos. Las inquietantes noticias políticas procedentes de Alemania desde que Hitler había accedido al poder llegaron a oídos de Alice y su entorno. Al principio, muchos judíos y gentiles no se tomaron demasiado en serio los discursos incendiarios, las leyes radicales absurdas y las señales de guerra. Muchos creían que los civilizados alemanes, con su conciencia de clase y su enorme respeto por la educación universitaria, nunca permitirían que ese impostor —que había abandonado sus estudios de secundaria y había vivido en pensiones de mala muerte, por no mencionar que nunca llegó a la universidad— liderara un país que respetaba al aristocrático y cultísimo Otto von Bismarck, que había unificado los treinta y nueve estados alemanes, como su hombre de Estado ideal. Convencidos de que los alemanes no pondrían a Hitler y sus secuaces al frente de su gobierno, muchos pensaban, o querían pensar, que la locura nazi pasaría pronto. Asimismo, los más honestos eran incapaces de suponer que Hitler estuviera mintiendo cuando firmaba pactos y hacía promesas a aquellos que intentaba destruir. Muchos líderes en disposición de cambiar las cosas en Gran Bretaña, Europa y América, entre ellos Churchill y Roosevelt, no supieron reconocer el cerebro perverso de Hitler hasta que no fue demasiado tarde. Cuando en 1938 Viena celebró la anexión de Austria por parte de Alemania, con las masas aplaudiendo y enarbolando estandartes con la esvástica, el optimismo ya no podía ignorar la alarmante amenaza; de hecho, en toda Europa, judíos desesperados por escapar se apresuraban a solicitar visados a países seguros.

Ese mismo año, con treinta y cuatro años, Alice era más feliz que nunca. Tenía todo lo que podía desear: su hijo, que había nacido el año anterior, un marido cariñoso, estudiantes aplicados y una prometedora carrera. Además, al igual que muchos judíos asimilados, ella y su marido aún sentían una relativa seguridad bajo la protección del ejército checoslovaco. A eso había que añadir que la parte checa de la frontera con Alemania, un terreno montañoso, estaba fuertemente fortificada. Por eso, cuando su amigo Max Brod, que llevaba algunos años siendo un comprometido sionista, intentó convencer a Alice y a sus hermanas para que emigraran con sus familias a Palestina con él; éstas accedieron, pero Alice se sintió más tranquila quedándose en Praga. Ella y su marido no querían arriesgarse a instalarse en el extranjero con un niño de tan corta edad. Y había, además, otra razón: el padre de Alice había fallecido de un ataque al corazón hacía casi una década, y su anciana madre, cuya mala salud hacía imposible la travesía, la necesitaba. El mayor de sus hermanos, Georg, que había llevado una vida marcada por el juego y la bebida, había muerto en 1931 por los efectos del alcoholismo. Con su otro hermano, Paul, sujeto a leyes raciales distintas por haberse casado con una mujer húngara católica, tampoco podía contarse: tanto a él como a su mujer también les encantaba el juego. Por último, otra razón para permanecer en su país era que Alice aún creía en las promesas del tratado que habían firmado los británicos y los franceses para proteger la soberanía de Checoslovaquia.

La madre de Alice vendió la mayoría de sus propiedades para ayudar a cubrir los gastos de la partida de sus hermanas, y Alice también contribuyó con una parte sustancial de sus ahorros para ayudar a sufragar el coste del viaje. Los británicos exigían una tasa de entrada equivalente a unos cien mil dólares actuales por cada persona que entraba en Palestina.

El 29 de septiembre de 1938, decidido a evitar un encuentro militar con Hitler, el primer ministro británico, Neville Chamberlain, y el primer ministro francés, Édouard Daladier, traicionaron el tratado en un encuentro con el Führer en Múnich. Aceptaron la anexión por parte de Hitler de una gran parte de la nación checoslovaca, el territorio conocido como Sudetes, que era hogar de tres millones de ciudadanos, a cambio de su promesa de no hacer más demandas territoriales en Europa. La mayoría de los historiadores coinciden en que las fuerzas checas, francesas y británicas combinadas seguramente podrían haber derrotado a las mal equipadas fuerzas alemanas, cuyos tanques irrumpieron en Praga, y así haber evitado que la guerra se extendiera en Europa. Pero mientras los dos jefes de Estado sacrificaban la democracia checa en provecho de los intereses del dictador nazi, Chamberlain se jactaba de haber conseguido «paz con honor, paz para nuestro tiempo». Su tiempo de vergonzosa gloria fue fugaz. El día siguiente, el 1 de octubre, las tropas de Hitler invadieron los Sudetes.

Una gélida noche de marzo de 1939, Max Brod y las hermanas de Alice, junto con sus familias, tomaron el último tren que partiría de Praga antes de la ocupación alemana. Con destino a Nápoles, donde zarparían en un barco rumbo a Palestina, el convoy cruzó Checoslovaquia hacia los Sudetes. A mitad de la noche, se detuvo en la parte checa de la frontera con Alemania, que ya estaba ocupada por las tropas nazis. Guardias de las SS, con las armas desenfundadas, inspeccionaron el tren vagón por vagón antes de que pudiera continuar.

Durante el siguiente día, 15 de marzo, siguió nevando copiosamente en Praga; la ciudad tenía un aspecto gris y estaba extrañamente tranquila. Con Beneš y otros miembros del gobierno checo exiliados en Inglaterra, y con sus soldados y paracaidistas unidos a las fuerzas británicas, Checoslovaquia estaba indefensa. Las tropas de Hitler, acompañadas por los tanques y camiones nazis repletos de soldados que ondeaban sus banderas, entraron en Praga sin resistencia. Checoslovaquia ya no existía. Se había convertido por imposición en un protectorado de la gran Alemania y estaba sujeta a la estricta aplicación de las hostiles leyes raciales impuestas por el Reich nazi.

En Praga, las mujeres se tumbaban sobre la nieve en un intento inútil de detener los tanques. Otros cantaban el himno nacional checo, con lágrimas en los ojos. Alice escuchó la noticia en la radio y, más tarde, pudo comprobar su veracidad desde la ventana de la casa de un amigo en el centro de la ciudad, cerca de la plaza Wenceslas. Al día siguiente se hallaba entre la multitud cuando el propio Adolf Hitler entró en la ciudad.

Alice se enfrentó durante la ocupación a personas que eran abiertamente enemigas de todos los judíos; fue consciente de que incluso algunos de sus amigos y vecinos gentiles se apartaban de ella por temor a perder la vida. En 1941, a Leopold le obligaron a cerrar su negocio de importación y exportación por ser judío. Asimismo, a Rafi le prohibieron asistir a las guarderías checas e incluso jugar con niños no judíos. Los judíos no podían tener teléfonos, radios ni bicicletas propios; además, todos ellos tenían que llevar la estrella amarilla cosida a su ropa.

Al principio, muchos de los alumnos de piano no judíos de Alice ignoraron las regulaciones nazis y continuaron con sus clases. Sin embargo, con el paso del tiempo, este desafío iba volviéndose más peligroso, tanto para los alumnos como para la profesora, por lo que éstos tuvieron que desistir. Los escasos ingresos de Alice, en consecuencia, se redujeron considerablemente. El resto de sus alumnos judíos siguieron apareciendo a la hora habitual, sintiendo el bienestar que les proporcionaban el estímulo y la solidez de Alice, hasta que fueron deportados.

Varias familias nazis se mudaron al edificio de Alice. Cuando Rafi tenía cuatro años, jugaba con Johann Hermann, que tenía cinco y vivía en el apartamento del piso superior. Ambos compartían sus mejores juguetes y libros, así como la sopa casera de sus madres. Ambos hablaban alemán, llevaban pantalones cortos y estaban rellenitos. Los niños jugaban en el portal, nunca en sus apartamentos. Algunas veces, al mediodía, cuando no había nadie, la señora Hermann, una esposa sumisa que cocinaba unos platos deliciosos con ingredientes que ya no estaban al alcance de los checos de a pie, vigilaba a los dos niños mientras jugaban al escondite en el patio. Los días lluviosos les leía en la escalera mientras Alice tocaba el piano.

El señor Hermann, miembro del partido nazi, había sido enviado a Praga para trabajar como empleado civil en los cuarteles de la Gestapo. No vestía uniforme pero, una vez, Alice le vio realizando el saludo nazi a un oficial enfrente de su casa. Los vecinos raramente le veían. Al parecer, sólo salía por la noche o a primeras horas de la mañana.

En 1941, Adolf Eichmann anunció su plan para la «solución final» a su equipo en una reunión secreta en Praga. «Los judíos de Bohemia y Moravia están siendo reunidos en un campo transitorio para la evacuación… Theresienstadt puede albergar cómodamente a cincuenta o sesenta mil judíos (a la vez). Desde allí serán transportados al Este.» La madre de Alice y los padres de Leopold estaban entre los primeros ciudadanos checos que recibieron la notificación de su deportación a Theresienstadt, a principios de 1942. Desolada, Alice acompañó andando a su madre al centro de deportación. Allí se despidieron y vio como la anciana desaparecía entre la muchedumbre. «Nunca olvidaré la imagen de mi desconsolada madre, con setenta y dos años, alejándose sin mirar atrás. Y yo no pude hacer nada. Nada —dijo susurrando—. Fue el peor momento de mi vida.»

Mientras tanto, Leopold había estado trabajando para el Consejo Judío de Praga, que estaba bajo supervisión nazi. Después de que le cerraran su negocio, aplicando las nuevas leyes nazis, Leopold se fue a Bélgica e intentó desesperadamente establecer otra empresa. Tenía la esperanza de trasladar a su familia a Bruselas en cuanto hubiese instalado allí la empresa. Su plan fue abortado cuando las tropas de Hitler ocuparon Bélgica, el 10 de mayo de 1940. La única opción de Leopold era huir y regresar a Praga. El Consejo Judío le ofreció el único empleo al que tenía acceso como judío. Leopold y sus compañeros de trabajo no tenían más remedio que acatar las órdenes de la Gestapo y compilar las listas de personas para la deportación. Aunque gracias a su trabajo pudo mantener su nombre y el de Alice fuera de las listas por un tiempo, llegó un día en que los empleados del Consejo Judío también fueron deportados y la oficina quedó clausurada definitivamente. En efecto, en 1943, Praga estaba casi *Judenfrei* («libre de judíos»), y sólo era cuestión de tiempo que Leopold y su familia fuesen llamados. Le ocultó la noticia a su esposa mientras fue posible.

Su carta fue enviada por correo ordinario el 3 de julio de 1943: en ella se citaba a la familia Sommer para su deportación a Theresienstadt.

Les quedaban dos días en Praga. ¿Cómo iba a explicárselo Rafi? Sin embargo, incluso entonces, Alice se negó a abandonarse a la desesperación y la depresión. Había oído hablar, de boca de algunos miembros del Consejo Judío de Praga, de los conciertos interpretados por compañeros presos en Theresienstadt. Se consoló a sí misma con un pensamiento: «Si podemos dar conciertos, quizá no sea tan malo». Durante los siguientes dos días, Alice practicó como si se estuviera preparando para una gran gira por Europa. Sin descansar ni para comer, trabajaba en sonatas de Beethoven y estudios de Chopin hasta que, agotada, se tumbaba en el sofá Biedermeier a reflexionar sobre su incierto futuro.

La noticia de su deportación se extendió rápidamente y, al día siguiente, algunos amigos y conocidos pasaron a despedirse, con visible alivio: era ella, y no ellos, los que iban a ser confinados. Paul y su esposa, Mary, pasaron algunos momentos en privado con Alice antes del abrazo final. Ella les ofreció todo lo que había en el apartamento, aunque no tenía sentido: la vivienda de éstos era demasiado pequeña para albergar muebles extra y, además, como Paul era judío, tenían que tener cuidado. Nadie le preguntó a Alice cómo se sentía. Nadie trajo gulasch para cenar. Nadie le pidió que tocara. Como posibles licitadores en una subasta, examinaron el apartamento, habitación por habitación, y abrieron cada uno de los armarios... El casero se unió a los visitantes cuando empezaron a llevarse las cosas. Nadie le preguntó a Alice si podía o debía quedarse con esta mesa o aquel juego de porcelana. Una mujer se llevó un cuadro de la pared. Otra se hizo con un jarrón antiguo. Un vecino salió de la alcoba con un collar de oro que encontró. Otro vecino del otro lado de la calle se lo arrebató. «Eso es mío. Alice me ha dicho que lo custodiase yo», le espetó.

Alice observaba mientras se llevaban de su apartamento todo lo que podían cargar; supuestamente en custodia. Mientras algunos acarreaban enseres domésticos calle abajo, el casero se peleaba con otros por las alfombras y las sillas. Alice sabía que nunca volvería a ver sus pertenencias. Los nazis confiscaron su piano, su más valiosa posesión, cuando examinaron el apartamento después de que ella y su familia se hubiesen marchado. Al día siguiente, los Sommer no tendrían ni nombre ni ciudadanía. Desde ese día serían conocidos por sus números de deportación: DE 166, DE 167 y DE 168.

Esa noche, muy tarde, cuando la mayoría de los residentes estaban dormidos, los Hermann llamaron a la puerta. «Os traemos una tarta para el viaje», le dijo la señora Hermann a Alice. Era una tarta de puré de manzana todavía caliente, decorada con rodajas de manzana asadas en azúcar que olía a canela y clavo.

Alice se dio cuenta de la excepcional generosidad que evidenciaba en tiempos de guerra una tarta hecha a base de huevos frescos, mantequilla y valioso azúcar. El señor Hermann se arriesgaba a recibir un severo castigo, ya que cualquier gesto amable hacia los judíos estaba estrictamente prohibido.

Cuando Alice les invitó a entrar en su apartamento, el señor Hermann echó una mirada por la ventana para asegurarse de que no había nadie observando. Alice se disculpó por no tener sillas que ofrecerles. Los Hermann se sentaron en el suelo y le preguntaron si podría tocar para ellos. Alice les complació con el nocturno de Chopin en si bemol menor, el primer movimiento de la sonata, opus 81, titulada *Das Lebewohl* («La despedida»), y finalmente, el lírico tercer estudio de Chopin.

«Gracias, señora Sommer —dijo la señora Hermann—. Echaremos de menos su música. Nos encantaba escucharla mientras practicaba. Nos ha hecho la vida más fácil durante estos duros tiempos. Por favor, cuídese y regrese. Puede que nuestro hijo estudie piano con usted algún día.» Luego, el señor Hermann le dio a Alice el balón de fútbol con el que los niños jugaban y le dijo: «He oído que a su Rafi le gusta jugar con el balón».

No se dieron la mano, pero Alice juraría haber visto una lágrima formándose en los ojos de la señora Hermann cuando se marchaban.

En Theresienstadt, esposos y esposas eran separados en la puerta, así que Leopold fue conducido a la sección de hombres. Cuando Alice se unió a la masa de gente desplazada, le dijo a Rafi: «¡Sujétate a mi mano y no te sueltes! Y recuerda: habla solamente en checo. Finge que no entiendes alemán». Por primera vez en su vida estaba aterrorizada; temía perder a su revoltoso hijo de seis años. «¿Cómo podemos estar viviendo esta pesadilla?», se preguntaba una y otra vez.

Cuando celebraba sus conciertos, Alice era consciente de la presencia de soldados nazis apostados al fondo de la sala o escuchando a través de la ventana. No dejaba de preguntarse por esos jóvenes, algunos de ellos hombres guapos que calzaban brillantes botas negras y vestían chaquetas grises engalanadas con los emblemas nazis, que para ella simbolizaban la muerte. ¿Quiénes serían sus padres y sus madres? ¿Por qué estarían allí? ¿Cómo podrían amar la música y llevar la esvástica y servir al mal? Algunos de sus semblantes tenían la tersura y el obediente desconcierto de los de aquellos jóvenes checos que habían escapado a Inglaterra para unirse a la lucha. Apenas habían dejado la infancia. ¿Realmente odiarían a los judíos? ¿Serían voluntarios, o habían sido obligados a alistarse? ¿Se creerían la propaganda o, como ella, sólo esperaban sobrevivir y regresar a casa?

Según pasaban los meses, varios de esos jóvenes fueron haciéndose familiares; Alice incluso vio aplaudir a uno hasta que un compañero le dio un toque para recordarle que la apreciación de cualquier persona o cosa judía estaba prohibida. Una noche, cuando salía de las barracas de Magdeburgo para ir a sus dependencias, un joven oficial se acercó a ella. Era alto y extremadamente delgado. Su rubio pelo liso era más largo que el de la mayoría de los soldados. Para ella, tenía el aspecto de un poeta en ciernes. «Por favor —le dijo—, quiero darle las gracias. Toca el piano espléndidamente.» Alice le miró y aceptó su agradecimiento. Ambos desaparecieron en la oscuridad.

Más tarde Alice se reprendió por no haberle dado las gracias al joven por haberse atrevido a hablar con ella. La confraternización era castigada severamente. También era consciente de que sus compañeros prisioneros endurecerían su actitud hacia ella si la veían hacer cualquier gesto amable a uno de sus captores nazis. Pero, esa noche, decidió que sería fiel a sí misma. Trataría a todos por igual: si un nazi le hacía un elogio, ella se lo agradecería como haría con cualquier otra persona.

Casi un año después de su primer encuentro con los soldados nazis, Alice interpretó un inspirado concierto con obras de Beethoven. Tras éste, otro joven soldado la esperó en la oscuridad del portal; su voz la sobresaltó. «¿Es usted la señora Sommer, la pianista?»

Sin dejar de andar, Alice contestó: «Sí, soy la señora Sommer».

«Un momento, por favor», le ordenó.

Alice se detuvo cuando el hombre, que casi le doblaba en altura, le bloqueó el camino. «Tengo que hablar con usted. No tenga miedo.»

Alice lo miró directamente a la cara y le preguntó: «¿Qué quiere usted?».

«Frau Sommer —continuó en alemán—, yo procedo de una familia de melómanos. Mi madre era una excelente pianista y me llevaba a muchos conciertos, por lo que entiendo bastante de música. Sólo quiero mostrarle mi agradecimiento por sus conciertos y expresarle lo mucho que han significado para mí.»

Alice sonrió mientras le susurraba: «Gracias. Me alegra que la música le haya ayudado. —En aquellos pocos segundos, vio a un joven asustado que, de no haber estado separados por el uniforme que vestía, podría haber sido amigo suyo—. Me tengo que ir».

Mirando alrededor para asegurarse de que no eran observados, él le comunicó: «Por favor, una cosa más. Usted y su hijo no estarán en ninguna lista de deportación. No se preocupe, estará segura». Dicho esto, desapareció rápidamente.

Alice nunca lo volvió a ver. Ni sabe su nombre ni su rango. ¿Le enviarían al frente? ¿Sobreviviría?

Después de la guerra fueron descubiertas las listas de deportación a Auschwitz en los archivos de guerra. Ni el nombre de Alice ni el de su hijo figuraban en ninguna de ellas.

Alice siempre se ha preguntado qué precio habría tenido que pagar el joven nazi que ella cree que le salvó la vida, así como qué les ocurriría a los Hermann y, si sobrevivieron a la guerra, qué habría sido de su hijo. Más de medio siglo después, los recuerdos de aquellas personas siguen acompañándola.

3
PELANDO PATATAS

Que Alice llegara a ser amiga de Golda Meir, la hija del carpintero de Milwaukee que acabó siendo primera ministra de Israel, no debería sorprender. Alice, como Golda, no tenía ningún interés por valores materiales o frívolos y compartía con ella su desdén por las apariencias y su compromiso con la vida moral por encima de la ambición. Los años de guerra le enseñaron las cosas sin las que podía vivir, se lo robaron todo excepto lo que tenía en su mente. «Sólo lo que está en el interior es importante», suele decir.

Con su alma socialista arraigada a la vida en el kibutz, Golda Meir no pareció cambiar cuando su vida política cobró impulso, pasando de embajadora en la Unión Soviética a ministra de Asuntos Exteriores y luego convirtiéndose en la primera mujer primera ministra de Israel. A pesar de su reputación de líder dura, Golda nunca reprimió su alegría o su tristeza. «No es casual que muchos me acusen de llevar los asuntos públicos con el corazón en vez de con la cabeza —declaró en una entrevista con Oriana Fallaci—. Bueno, ¿y qué si lo hago?... Aquellos que no saben llorar de todo corazón tampoco saben cómo reír», añadió. Muchos hablan de la vida auténtica. Ellas dos, Alice y Golda, la han vivido.

Alice ya no se acuerda de dónde fue su primer encuentro con Golda, pero cree que debió de ser en la Academia de Música de Jerusalén, años antes de que ésta fuese primera ministra. Recuerda a una mujer alta, de aspecto robusto y con un vestido estampado abotonado hasta el cuello, que la felicitó en yidis después de un concierto. Nunca olvidaría la descripción de aquella mujer, «encantadoramente hermoso», de la *Fantasía* de Schumann que Alice acababa de interpretar, y que más de una vez le pidió que tocara para ella. A Alice también le encantaba esa pieza. «Ha habido momentos en esa pieza tan dolorosamente bellos que sencillamente me han partido el corazón», le dijo. Su primer encuentro es probable que ocurriera a finales de 1949, siendo Golda Meir ministra de Trabajo. Sin duda, ésta había oído hablar de Alice Herz-Sommer a causa de los muchos conciertos que había interpretado en el campo de concentración.

Cuando Alice llegó a Israel en marzo de 1949 con su hijo, se fue a vivir con su hermana Mitzi, aunque pronto se trasladó a su propio apartamento en Jerusalén. Allí fue donde inició la tradición de celebrar jornadas musicales las tardes de los domingos. Era un modo seguro de reunir a sus nuevos y antiguos amigos, y también a sus familiares; un modo de revivir los recuerdos de su vida en Praga. Un psiquiatra le sugirió que un hogar visitado frecuentemente por familiares y amigos era un valioso antídoto contra la extrañeza de un nuevo país y la inevitable soledad de su único hijo. Experto pasador de páginas, a Rafi siempre podía vérsele en medio del espectáculo, ofreciendo sus servicios durante la interpretación de música de cámara.

Alice no tenía teléfono ni tiempo para escribir las invitaciones pero, en aquellos años en Jerusalén, el boca a boca era más que suficiente. Además del grupo central, formado por sus dos hermanas y sus maridos, casi siempre estaban presentes Max Brod y Edith Kraus, una pianista que había sobrevivido a Theresienstadt y Auschwitz. Si no aparecían suficientes músicos para interpretar música de cámara, Edith o Alice ofrecían obras para piano. Y si asistía demasiada gente a «los domingos» de Alice, la puerta del apartamento se dejaba abierta para que los últimos en llegar pudiesen acomodarse en el vestíbulo. Incluso sentados en el suelo podían escuchar la música. La única condición que ponía la anfitriona a sus visitantes era que nunca preguntaran o hablaran del Holocausto en su casa. Los años desde que fueron deportados por los nazis hasta que llegaron a Israel estaba prohibido como tema de conversación.

Golda Meir vivía cerca, en el mismo agradable barrio. A menudo, los alumnos de Alice contaban haberla visto cuando iban de camino a clase. Golda se enteró, por Brod, de esas reuniones dominicales y un domingo, a principios de los cincuenta, apareció un cuarto de hora antes de que se iniciara el concierto, deseosa de conocer mejor a la modesta pianista de Checoslovaquia.

La noche anterior, Alice había preparado una olla enorme de gulash, un plato que podía preparar en poco tiempo y dejarlo hervir lentamente mientras dormía. Cuando entró Golda, estaba pelando una montaña de patatas a toda prisa. Al principio, Alice sólo vio unos pies calzados con unos robustos zapatos ortopédicos negros cuyas suelas mojadas dejaron su huella en el suelo de la cocina. A la vez que saludaba —«Shalom»—, Golda cogió una bayeta y eliminó las marcas que había dejado. Sin alterarse, Alice señaló sus propias zapatillas de lona. «Parece que tenemos pies felices», le dijo. Ambas mujeres se rieron, sabiendo cómo sufren de los pies la mayoría de las mujeres sometidas a la tiranía de sus elegantes tacones, sin saber entonces que «los zapatos de Golda» un día se convertirían en un eufemismo de todo lo feo y pasado de moda. Entonces, sin preguntar, Golda tomó un cuchillo de la encimera y empezó a pelar patatas como un pinche profesional. Alice no protestó.

Ninguna de ellas usaba maquillaje, y ambas vestían unas sencillas faldas y blusas de algodón. Vivían en el distrito Rechavia, cerca de Ciudad Vieja. Cuando iniciaron la conversación, parecía como si la estuviesen retomando donde la habían dejado. «Espero que no te importe que haya llegado demasiado pronto. Me encanta ayudar.» «¿No quieres tomar algo, un café?» «¿Has visto el artículo de Yehudi Menuhin en el periódico de hoy?» «Por supuesto, ¿escuchaste el concierto?»

Golda había contribuido decisivamente a incrementar las ayudas del gobierno a los refugiados, y le preguntó a Alice si podía auxiliarla de algún modo. Alice le agradeció el ofrecimiento y reconoció su satisfacción por la sensación de seguridad que experimentaba. «¿Tienes hijos?, ¿han sobrevivido?», le preguntó Golda. Alice se ofreció a presentarle a su hijo adolescente, que tocaba el chelo y el piano. La política, que era cinco años mayor que la pianista, le contó que había criado a sus dos hijos en el kibutz y lo útil que había sido la comunidad para las madres trabajadoras. «¿Qué le ocurrió a tu hijo? ¿Dónde estaba durante el Holocausto? ¿Estaba escondido?», inquirió.

Alice hizo una pequeña pausa y, mirando directamente a los ojos a Golda, le dijo: «Nunca hablo de esos tiempos. No quiero que nadie sienta pena por mí. No quiero que mi hijo lo recuerde. Quiero que tenga una vida feliz». Golda parecía simpatizar con su respuesta, pero siguió presionando. «Pero ¿qué sientes respecto a los alemanes y todo lo que le ha ocurrido a nuestro pueblo?» Al principio, Alice se quedó en silencio. Luego, repuso: «No estoy aquí para hablar del pasado. Amo a este joven país, al que quizá pueda contribuir a hacer avanzar. No estoy dispuesta a pasar mis días mirando hacia atrás, para regodearme en mi desdicha y la de los demás. Y pronto haremos música hermosa». Y Alice recuerda que Golda le respondió entonces: «Pelar patatas me da *naches* (alegría)».

Ese día en la cocina de Alice se cimentó una amistad.

En las vidas de Alice y de Golda hay muchas similitudes. Ambas eran madres de hijos talentosos que estudiaban chelo y a quienes habían tenido que criar en solitario. Trece años de edad separaban a Menahem Meir y Rafi Sommer pero coincidían en haber tenido la gran suerte de estudiar con el mejor chelista del mundo, Pau Casals. Ambos se convirtieron en intérpretes muy respetados y celebraron conciertos por todo el mundo. Menahem llegaría a ser el director de la Rubin Academy of Music mientras que Rafi ocupó una plaza como profesor de chelo en la Guildhall School of Music en Londres. Alice le explicó una vez a Golda que su padre no había estudiado ni había leído grandes libros; aun así, ambas coincidieron en que habían absorbido más de la vida de sus padres que de sus madres. Pero ambas eligieron continuar viviendo sin un marido. El matrimonio de Golda fracasó por el tiempo y el esfuerzo que le dedicaba a su trabajo. A Alice, por su parte, no le faltaron pretendientes, pero nunca se volvió a casar; desde que llegó a Israel, ningún hombre pudo ocupar el lugar que la música ocupaba en su vida.

Según pasaban los años y Golda iba ascendiendo a puestos de mayor poder en el gobierno, las dos mujeres se veían menos. Cuando Golda era ministra de Relaciones Exteriores de Israel, viajaba continuamente. Mientras tanto, Alice estaba abocada al cuidado de Rafi y las clases, practicaba al menos cuatro horas al día y que viajaba por su país de adopción dando conciertos.

Alice no se sorprendió cuando Golda se convirtió en la primera mujer primera ministra. Consideraba que su amiga era la que mejor podía ejercer el cargo y se había ganado «su ascenso». Hoy, Alice señala cariñosamente:

«Podías confiar en ella como amiga y como líder mundial; tenía sentido común, amaba a la gente, trabajaba para la paz, pero era dura cuando había que serlo».

La fama de concertista de Alice fue extendiéndose en Jerusalén y Tel Aviv, hasta tal punto que la élite de Israel se convirtió en una audiencia asidua a sus conciertos. En efecto, pronto atrajo a los más ilustres del país a su casa y también a sus recitales. Max Brod le hacía de cronista y confeccionaba listas de sus ilustres admiradores: Leonard Bernstein, Isaac Stern, Abba Eban, Arthur Rubinstein, Yehudi Menuhin, Zubin Metha, el joven Daniel Barenboim, y, junto a Golda, Teddy Kollek, el futuro alcalde de Jerusalén. Alice dice: «Kollek siempre era cortés y encantador, pero Golda era muy musical. No tuvo la oportunidad de estudiar, pero asistiendo asiduamente a los conciertos aprendió a escuchar música. Golda entendía el mensaje de la música. Kollek, en cambio, no tanto». Alice mencionó jocosa que creía que Kollek incluso se había quedado dormido en un concierto.

Según Alice y otros, Golda tenía un alto conocimiento musical. Isaac Stern, Rudolf Serkin y Arthur Rubinstein eran asiduos visitantes en su casa. Orgullosa de su papel de presidenta honoraria de la célebre Rubinstein International Piano Master Competition, dijo: «Aunque no sé mucho de música, hay tres músicos a los que amo y por los que siento una especial afinidad, ¡Casals, Rubinstein y mi hijo!». Alice protestó por la pequeña inmodestia de Golda. «Pero Golda era muy entendida —insiste—. Sabía mucho de música.»

Cuando la Orquesta Filarmónica Palestina —posteriormente conocida como Orquesta Filarmónica de Israel— celebró su primer concierto en 1936, Golda estaba entre su audiencia. Dirigido por Arturo Toscanini, también refugiado de la Italia fascista, se celebró en un gran pabellón en el parque de atracciones de Tel Aviv. El maestro Toscanini, reconocido en ese momento como el mejor director del mundo, declaró: «Es deber de todos luchar y ayudar en este tipo de causas en lo que uno pueda». Se negó a cobrar de la Filarmónica Palestina, ni siquiera los gastos de viaje, dejando claro que «lo hacía por humanidad», en solidaridad con los músicos que habían sido víctimas de los nazis.

Golda conoció al fundador de la orquesta, el violinista Bronislaw Huberman, cuando se sentó a su lado en un vuelo de Los Ángeles a San Francisco a mediados de los años treinta, cuando estaba en Estados Unidos en una misión para Histadrut (la Federación Judía del Trabajo). Él le habló de sus planes de crear una orquesta sinfónica en la que los músicos judíos que estaban huyendo de Alemania pudieran tocar, y ella prometió ayudarle. Más tarde, Golda le confesó a su hijo que se sintió halagada por el hecho de que un violinista tan famoso la hubiese reconocido.

Huberman había interpretado el *Concierto para violín* de Johannes Brahms en Viena con el compositor sentado en la sala. En 1896, el año de su debut en el Carnagie Hall, se podía ver entre el público a los grandes compositores del mundo: Antonín Dvořák, Gustav

Mahler, Anton Bruckner y Johann Strauss, entre otros, además del citado músico. Con la ayuda de los Amigos Americanos de la Filarmónica Palestina, al frente de los que se encontraba Albert Einstein, Huberman fundó la orquesta como contribución a la construcción del futuro Estado de Israel. Los primeros setenta y tres miembros eran emigrantes huidos recientemente de la Alemania y la Austria nazis, y muchos de ellos conocían a Huberman con antelación. Aunque Alice nunca le ha conocido personalmente, lo oyó tocar varias veces en Praga y en Viena antes de la contienda.

Menahem Meir recuerda que lo más significativo de ese primer concierto fue que los artistas y el público se unieron en contra de las revueltas árabes que estaban teniendo lugar en protesta por la inmigración judía y el mandato británico. Se destruyeron valiosos y numerosas cosechas, se incendiaron casas y cerca de cien judíos, algunos de ellos refugiados de Hitler, fueron asesinados. En una fotografía de su madre, Menahem escribió: «El hecho de que Toscanini y otros talentosos artistas entraran a sabiendas en esa atmósfera para estar con nosotros hizo rebosar de gratitud nuestros corazones».

En el encuentro accidental con Huberman en aquel vuelo, Golda también pudo convencerle de patrocinar una serie de conciertos anuales para los trabajadores de las fábricas y de las granjas. Golda y su familia asistieron a esos programas, según Menahem, con «una devoción casi religiosa».

Incluso después de ser nombrada primera ministra, Golda siguió asistiendo a los conciertos de Alice siempre que sus obligaciones se lo permitían. Una vez le confesó a ésta que siempre había deseado estudiar piano. Cuando era niña en Milwaukee no había dinero para clases, y después, sus responsabilidades como trabajadora, esposa y madre no le dejaron tiempo libre. Le preguntó a Alice si creía que aún podía aprender, a pesar de haber sobrepasado los setenta años. Su amiga le dijo: «Nunca es demasiado tarde para intentarlo». «Alice —preguntó Golda con una inusual indecisión—, ¿me aceptarías como alumna?, ¿me enseñarías a tocar el piano cuando me retire?»

Alice apretó la mano de Golda y le respondió: «Será un gran placer para mí darte clases, porque eres muy musical. ¿Cuándo podemos empezar?».

Desgraciadamente, las clases de piano nunca se impartirían. Golda desarrolló un cáncer linfático y murió en 1978. Alice asistió a su funeral.

Hoy, casi treinta años después de que Alice se instalara en Inglaterra, dice que sus días más felices fueron los vividos en Israel.

«En Jerusalén vi crecer a mi hijo sano y fuerte, sin cicatrices de los años de la guerra. Amaba a los muchos alumnos con talento que enseñé: sabras, palestinos, rusos, estadounidenses... Israel representaba el pasado y el presente. Era un tiempo de gran esperanza. Todo parecía posible.»

Políticamente, Golda defendía los valores socialistas, mientras que Alice, que sabía poco de política, simplemente sentía desapego por las posesiones materiales. Alice recuerda el momento íntimo en el que Golda, que había recibido educación ortodoxa, le preguntó por su religión. La política sonrió al oír la respuesta de Alice: «Soy judía, pero mi dios es Beethoven».

La música, pelar patatas y el amor a Israel forjaron la amistad entre dos mujeres emigrantes, la pianista de Praga y la futura primera ministra de Israel.

INTERLUDIO
SOÑANDO

Irma, la hermana mayor de Alice, que era una buena pianista, le dio a ésta las primeras clases cuando tenía siete años. Su gemela, Mitzi, no mostraba en cambio una inclinación especial por el instrumento. Desde el principio, Alice practicaba incansablemente, memorizando cada pieza que aprendía.

Antes de cumplir nueve años, era capaz de ofrecer una interpretación aceptable de la popular y dulcemente evocativa *Träumerei* («Soñando»), de Robert Schumann. Alice tocó la pieza una y otra vez, buscando dejar su impronta personal. La ensayó muy lenta y suavemente, y luego decidió que sonaba mejor un poco más rápida y con una línea melódica más fuerte.

Su hermano Paul, que era cuatro años mayor que ella y estaba haciendo importantes progresos como violinista, quería interpretar la hermosa *Träumerei* con Alice. Estaba hechizado por su contagiosa melodía y tomó prestada la música de su hermana para su próxima clase. Su profesor le dijo que la pieza había sido escrita para piano, no para violín y, aunque Paul había hecho los arreglos para interpretarla con éste, el profesor no creía que alguien tan joven entendiera una música tan romántica. «¿Has sentido lo que es amar alguna vez? —le preguntó el maestro—. No me refiero a amar a tus padres o a tu país, sino a amar a una mujer.» Con doce años, Paul confesó que pensaba en la hermana de su mejor amigo cada mañana y cada tarde, y algunas veces incluso durante las clases de matemáticas. «Sí, sé lo que es amar, mi corazón late más de prisa cada vez que pienso en ella. Algunas veces, apenas puedo respirar.» El maestro entonces accedió a que interpretara *Träumerei*.

Esa tarde, en casa, Paul le pidió a Alice que la tocara con él. La impetuosidad de los sentimientos de Paul no le dejaba mantener el ritmo. Alice le corrigió. «Pero tú no conoces el amor. Eres demasiado joven. Yo estoy expresando el sentimiento a través de la música», protestó él. Ella le replicó en seguida: «Puede que sea más joven que tú, pero sé contar y tocar lo que escribió el compositor».

4
CLASES DE PIANO

«A mi alrededor siempre había música. Me refiero a música en directo, a personas tocando o cantando, no a grabaciones. Eso llegó años después.» Alice se está refiriendo a algunos de sus más queridos recuerdos de infancia. «Mi madre era una maravillosa pianista.» Afirmando con la cabeza, añade: «¡Cómo le encantaba tocar…! Era una de sus vías de escape de la melancolía».

En Praga, casi todo el mundo sabía que Alice tenía un piano, pero el de su casa parecía reinar sobre la sala de estar de la familia. Era un piano de cola grande, o al menos a la joven Alice le parecía enorme, que había pertenecido a su abuela. El teclado siempre estaba cubierto cuando no se usaba, y no se le permitía a nadie abrirlo o tocar las teclas sin antes haberse lavado las manos. Alice y Paul a menudo ofrecían interpretaciones informales antes de irse a la cama. Ella tocaba valses de Chopin y de Strauss, piezas de *Kinderescenen* de Schumann y de las sonatas tempranas de Beethoven. Ambos ofrecían movimientos de Mozart o sonatas de

Schubert para violín y piano. Se lo pasaban en grande interpretando la *Sonatina* de Dvořák para violín y piano, basada en las melodías de los nativos americanos que el compositor había oído en América. Sofie encontró la música bastante exótica. A menudo, sus conciertos acababan con la familiar *Humoresque* de Dvořák. Alice todavía puede escuchar a los vecinos diciendo: «Daos prisa, los Herz están a punto de empezar».

En 1910, cuando Alice inició sus clases de piano, la música se respiraba en toda Praga. «En esos hermosos años —recuerda Alice—, Praga era música.» El teatro, con su interior verde y dorado, en el que Mozart había dirigido el estreno de *Don Giovanni*, se levantaba majestuoso en el centro de la ciudad, al lado de la plaza de la Ciudad Antigua. La hermana mayor de Alice, Irma, se lo había mostrado muchas veces a las gemelas en sus paseos, recordándoles que Praga era la ciudad favorita del compositor Mozart. Las llevaba de excursión a la granja Bertramka, donde éste había vivido con su mujer cuando escribía la obertura de *Don Giovanni*. Dentro de la casa, Alice pudo tocar el pequeño piano con suaves tonos acampanados cuyas teclas Mozart había pulsado hacía poco más de un siglo.

Los músicos, pasados y presentes, eran reverenciados. Bedrich Smetana y Antoni Dvořák habían puesto a los checos en el mapa con su música inspirada en melodías del folclore nacional. Los mejores artistas del momento tocaban en la capital. Titulares sobre conciertos y óperas ocupaban en ocasiones las portadas de los periódicos matutinos e invitaban a acudir a ellos. Incluso se podían ver pobres y analfabetos en las partes de la sala donde podían estar de pie cuando se vendían todas las entradas. «Algunas veces, ahorrábamos durante meses para comprar la entrada de un concierto importante», dice Alice.

Funcionarios, banqueros, empresarios, médicos, abogados, amas de casa... ejercían como excelentes músicos amateurs, y los que no eran competentes instrumentalistas cantaban en coros. Los ensayos semanales eran sagrados. La palabra «amateur» procede del término latino *amator*, amante, y la música era, para muchos, su relación amorosa más importante. Los conciertos en las casas, llamados *hauskoncerte*, interpretados tanto por profesionales como por aficionados, eran una forma popular de entretenimiento; de hecho, los amigos se reunían frecuentemente en la casa de alguno de ellos para escuchar la primera interpretación de una obra en presencia del compositor.

Más allá de su talento musical, Alice era una alumna ideal. Irma le infundió el amor a la práctica. Admitía las correcciones fácil y agradecidamente, y repetía una frase o una parte hasta dominarlas. Quizá por ser más de once años mayor que Alice, Irma nunca pareció sentir celos del talento de su hermana. Al contrario, se sentía recompensada con los elogios que recibía por ser tan buena profesora. Dos años después, Irma presentó a Alice a su antiguo profesor, Václav Štěpán, considerado el mejor pedagogo de Praga. Alice tocó un movimiento de una sonata de Beethoven para Štěpán, quien elogió tanto a la niña como a la profesora. Aunque normalmente no enseñaba a niños, a Štěpán le conmovió tanto la pasión por el piano de Alice que accedió a verla una vez al mes, mientras Irma continuaba las clases semanales y supervisaba las prácticas de Alice. Un par de años después, Štěpán empezó a enseñar a Alice formalmente; se convertiría en su mentor y fiel amigo.

Era una época en la que Alice podía aprender de aquellos que estaban a una generación de los inmortales. Podía, literalmente, tocar las manos de los que habían estado cerca de Brahms, Liszt y Chopin. Su futuro profesor en la academia, Conrad Ansorge, había estudiado piano con el mago de la técnica Franz Liszt. Johannes Brahms le había dado su propio piano de cola a su alumno Alexander Zemlinsky, el inspirado fundador del conservatorio de Alice, con quien entabló amistad. En conciertos, aprendió de los pianistas Wilhelm Backhaus y Moriz Rosenthal, quien había sido discípulo del pupilo más prometedor de Chopin, Karol Mikuli.

Aunque Alice se graduó en el Conservatorio de Música Alemán en Praga como alumna de Ansorge, Štěpán continuó guiando su carrera. Le consiguió el debut como solista con la Filarmónica Checa, supervisó su interpretación del *Concierto en mi menor* de Chopin, acompañó a Alice a los ensayos e invitó a Max Brod a asistir al evento. Embelesado por la sobrenatural e impecable técnica de la joven pianista, Brod escribió una reseña entusiasta de su interpretación. Sería la primera de muchas. Recordando esos días, Alice dice que, cuando tocaba en Praga, siempre echaba una rápida mirada de reojo para ver si Max estaba en su butaca habitual. Sólo si sabía que él estaba en la sala, podía empezar. Cuando se le pregunta por el miedo escénico, Alice no tiene nada que decir porque nunca lo ha experimentado. «El miedo escénico tiene que ver más con preocuparse de lo que pensarán los demás que con la propia música —asevera—. Posiblemente, el único miedo que haya podido experimentar haya sido a mi propia crítica interior. Pero, una vez que empezaba a tocar, incluso esa ansiedad desaparecía.»

Después de su temprano éxito, se apuntó a seminarios con el famoso pianista Eduard Steuermann, quien anunció que viajaría de Viena a Praga para dar clase a los pianistas con más talento de la capital. Steuermann exigía el pago de las cuotas de sus doce clases magistrales por adelantado, pero Alice salió amargamente decepcionada por la actitud fría y poco compasiva que mostraba con los alumnos. Ella siente que no aprendió nada de él y que malgastó su dinero y su tiempo. Más tarde, también saldría decepcionada de una hora de clase con el famoso Artur Schnabel, que le había costado un mes entero de salario. Últimamente, Alice ha aprendido a confiar en su propio juicio y, en el proceso, ha aprendido a enseñar a otros. Para Alice, una carrera de intérprete y todo lo que conlleva era secundario a una vida como artista totalmente entregada a la búsqueda de la excelencia.

Casi un año después de la invasión nazi de Praga, el domingo 3 de marzo de 1940, Alice participó en un concierto clandestino en el que se interpretaron nuevas obras del compositor judío Viktor Ullmann en casa de Konrad Wallerstein. Ella recuerda cariñosamente: «Su casa era muy *gemütlich* (cálida y hogareña). Y tenían un precioso Steinway». La estancia estaba amueblada con biedermaiers originales heredados de los padres de la señora Wallerstein. Alfombras persas multicolores cubrían el suelo. No obstante, el servicio de café descansaba vacío sobre la consola del comedor, y las usuales pastas de té checas con trocitos de fruta por encima brillaban por su ausencia. Un tímido fuego en la chimenea proporcionaba el único calor a la habitación. Todos, excepto los músicos, tuvieron los abrigos y los guantes puestos durante el espectáculo.

Esa tarde, Alice tocó la extremadamente moderna y difícil *Segunda sonata para piano*. Después de la actuación, el compositor la abrazó, y Wallerstein le dio una rosa de color rosa en agradecimiento. Tres años después, en Theresienstadt, el compositor le dedicaría su recién escrita *Cuarta Sonata* a Alice, pero la segunda seguiría siendo su favorita y la única que tocaría en público.

Todos los ilustres ciudadanos checos que se reunieron para ese concierto hablaban alemán, era su idioma opcional. Sus apellidos eran alemanes y habían ido a escuelas alemanas. Todos desafiaron la prohibición de que los judíos se reunieran. Todavía con la esperanza de que las cosas no empeoraran, no podían imaginarse que todos los asistentes pronto serían arrancados de sus hogares y acabarían en Theresienstadt de camino a Auschwitz y a otros campos de concentración en el Este.

Alice fue la única asistente a ese evento que sobrevivió.

«Nací optimista, mientras que mi gemela siempre fue pesimista. Muy interesante —confiesa Alice—. Mitzi era la favorita de mi madre porque era muy pequeña y débil. Siempre estaba esperando que ocurriese alguna catástrofe.»

Cuando Alice era niña, su padre les contaba frecuentemente la historia de cuando se incendió su fábrica, y eso tuvo un profundo pero distinto efecto en cada una de las gemelas. Un día, uno o dos meses antes de que Alice y Mitzi nacieran, Friedrich Herz comió copiosamente a mediodía y se retiró a echarse una siesta —un hábito de la mayoría de los empresarios en aquella época— antes de regresar a su despacho en la Factoría Hermanos Herz, donde se fabricaban básculas de precisión. De repente, se despertó de su sueño con los gritos de «¡Fuego, fuego!», que llegaban a través de la ventana abierta. El edificio de la fábrica no estaba a más de treinta metros de la casa de la familia Herz, en la misma propiedad. Friedrich se enfundó los zapatos y salió corriendo a investigar. Al ver las llamas saliendo de la planta, sin dudarlo ni un momento entró corriendo para intentar controlar aquel infierno. En seguida, descubrió una tubería de gas que tenía una fuga y la desconectó. Cuando salió del edificio, Friedrich parecía completamente quemado. Su cara, manos y ropa estaban casi irreconociblemente ennegrecidas. Cuando se sentó en el banco para felicitar a sus operarios, se dio cuenta de que sentía un dolor considerable. Alguien le ofreció una botella de whisky y unos cuantos fueron en busca de un médico. Por una vez en su vida, Friedrich Herz bebió generosamente intentando calmar su dolor.

Algunas veces, cuando contaba la historia, Friedrich hacía reír a los niños al describir cómo intentaba correr a la fábrica con los pantalones cayéndosele. Al acostarse después de comer, sólo se había quitado la chaqueta y bajado los tirantes. Con el sobresalto, se olvidó de volver a subírselos. Sin embargo, nunca introdujo una nota de miedo en la historia, porque Friedrich Herz era un hombre instintivamente valiente.

Alice dice que, mientras escuchaban la historia de su padre, Mitzi, una niña muy aprensiva, imaginaba que podía haberse quemado vivo. Alice, en cambio, se sentía orgullosa de que hubiese resuelto un problema y aparecido como un héroe.

Alice cree que el ejemplo de su padre en una situación tan arriesgada le ayudó a cimentar su optimismo siendo niña, e influyó en la equidad con la que abordaría la toma de decisiones más tarde.

5
VOLVIENDO A EMPEZAR

Cuando el ejército soviético liberó Theresienstadt, a los internos simplemente les dijeron: «Sois libres, os podéis marchar a casa». No les proporcionaron comida, atención médica o transporte, porque no tenían nada que dar y cumplían órdenes de unirse a las fuerzas de liberación en Praga. Por fortuna, la Cruz Roja intervino rápidamente para ocuparse de los que habían sobrevivido. A los pocos días también aparecieron oficiales de la Agencia Judía. Alice supo por ellos que podría pasar parte del verano recuperándose en una granja cercana a Praga. Rafi podría celebrar su octavo cumpleaños en libertad, jugar al sol, tomar alimentos sanos y frescos y, juntos, podrían recuperar sus fuerzas. Eso le pareció más sensato que precipitarse a una situación desconocida en la ciudad.

A finales de agosto de 1945, Alice y Rafi, finalmente, regresaron a Praga. Pero los judíos que regresaban no eran bienvenidos allí y, a veces, se enfrentaban a un cruel antisemitismo; los checos de etnia checa que habían ocupado sus apartamentos se negaban a abandonarlos y reclamaban su propiedad. Los antiguos vecinos checos que se ofrecieron con amabilidad a guardar joyas y muebles valiosos se sintieron desagradablemente sorprendidos cuando aparecieron los judíos a sus puertas para pedir que se los devolvieran. La mayoría de las veces, respondían con un airado portazo. El gobierno ofreció poca ayuda.

Como no era judía, a Mary, la mujer de Paul, le permitieron seguir viviendo en su pequeño apartamento mientras que él fue internado brevemente en Theresienstadt a principios de 1945. Paul y su mujer ofrecieron a Alice compartir sus dos habitaciones con ella y Rafi, aunque esto sólo era una solución temporal. Alice tenía que conseguir alimentos y un lugar para vivir en su propia ciudad donde, hacía poco más de dos años, había tenido una vivienda, trabajo y ahorros: los nazis habían eliminado todo rastro de Alice Herz-Sommer y le habían robado todo el dinero de su cuenta. Una familia checa habitaba su antiguo apartamento y se negó a marcharse. Todo rastro de su mobiliario, cuadros y porcelana antigua había desaparecido. Y aunque buscó a algunas de las personas que dijeron que le guardarían sus pertenencias, no pudo encontrar a nadie. Ya no era ciudadana checa, sino una apátrida que tendría que rellenar un sinfín de formularios sólo para descubrir que todavía tenía que rellenar muchos más, en un escenario realmente kafkiano. En Theresienstadt le había dado instrucciones a Rafi de que sólo hablase checo para que los nazis no entendieran lo que decía. Ahora que estaban en casa, Alice le volvió a decir a su hijo que no hablara nunca alemán, ya que hablarlo podía costarle la vida: todas las escuelas alemanas que había antes de la guerra habían sido clausuradas. Es probable que la frase «No podéis volver a casa» nunca haya sonado más cierta.

Alice empezó a encontrar a alumnos a quienes impartir clases de piano, e iba de casa en casa, ya que no tenía piano propio. En pocos meses, con la ayuda de la Cruz Roja y lo que quedaba de la comunidad judía, pudo conseguir un pequeño apartamento, y la Organización de la Comunidad Judía le dio la oportunidad de elegir un piano de su gran almacén de instrumentos confiscados por los nazis. Por desgracia, su hermoso piano de cola no pudo ser localizado. Cuando le llevaron el piano a su nueva dirección, lo tocó con delicadeza, preguntándose qué le habría ocurrido a su anterior propietario. Ahora que Alice tenía un piano, podría ampliar sus horas de clase y practicar en serio para el día que pudiera volver a tocar en público. La oportunidad llegó cuando le ofrecieron un concierto para Radio Chequia, cuya emisión era internacional. No sólo esperaba reanudar su carrera, también pensaba que el concierto sería un modo de hacer saber a sus amigos que había sobrevivido a la guerra. Alice interpretó la sonata *Appassionata* de Beethoven para señalar su retorno.

Como si su traición a Checoslovaquia en Múnich no hubiese hecho ya bastante daño, los Aliados continuaron dirigiendo la estrategia posbélica. Cuando Truman, Stalin y Churchill se reunieron en Yalta, dividieron Europa en zonas de guerra para ser liberadas por tropas británicas, estadounidenses o soviéticas. Esas mismas fuerzas de liberación controlarían sus zonas y supervisarían el establecimiento de un gobierno civil después de la contienda. Esta decisión resultó trágica para los países que pronto caerían bajo la dominación soviética. Checoslovaquia fue traicionada una segunda vez cuando Churchill y Truman acordaron permitir al Ejército Rojo de Stalin liberar Praga, sellando así el futuro comunista de aquel país bajo control soviético. El general Patton entró en Checoslovaquia, cerca de Marienbad, antes que el Ejército Rojo, pero le obligaron a abortar su avance. Y sus tropas recibieron órdenes de detenerse en Pilsen hasta que los soviéticos pudieron liberar Praga casi una semana después.

En uno de los más oscuros períodos de la historia checa, a medida que los comunistas iban haciéndose aún más poderosos, los llamados guardias revolucionarios se multiplicaron. Al margen de las leyes checas, querían eliminar toda presencia alemana de la nación. Muchos de esos guardias habían sido colaboradores nazis, oportunistas brutales que adoptaban los gorros revolucionarios para ocultar su pasado. En esos momentos, ansiosos por la aprobación soviética, perseguían implacablemente a cualquiera con orígenes o simpatías culturales alemanes. Hasta la música de los compositores alemanes, incluidos Bach, Beethoven y Brahms, estaba prohibida.

La Checoslovaquia prebélica era una mezcla tolerante de checos, judíos, polacos y gitanos. Se garantizaba automáticamente la ciudadanía a todo aquel que naciera dentro de sus fronteras. Después de que las tropas soviéticas liberaran Praga en 1945, el presidente Edvard Beneš regresó a Checoslovaquia para promulgar unos decretos, cuyo desenlace final fue la expulsión de más de dos millones y medio de germanos de los Sudetes y más de medio millón de etnia húngara, y la masacre de miles de civiles. Todavía siguen descubriéndose fosas comunes de víctimas. El nacionalismo prevaleció sobre la razón cuando Beneš proclamó que el tiempo de los derechos de las minorías se había acabado. Este estadista y otros hablaban abiertamente de convertir Checoslovaquia en un estado checo homogéneo libre de todas las minorías, lo que se tradujo en casi tres años de despiadada limpieza étnica. Parecía haber olvidado los principios del querido fundador de la república de Checoslovaquia, Tomáš Garrigue Masaryk, que garantizaban la defensa de los derechos civiles para todos los ciudadanos.

Incitados por el presidente Beneš y los crudos recuerdos de la ocupación nazi, los checos se volvieron en contra de sus propios ciudadanos en un bárbaro frenesí. Lo peor del reino de terror en el país se prolongó desde mayo de 1945 hasta principios de 1947. Decenas de millares de checos de etnia germana fueron obligados a dejar sus casas y marchar a la frontera con Austria, donde no contarían con comida ni refugio. Muchos murieron en el camino. La insidiosa violación de miles de mujeres, la espantosa tortura y el asesinato eran comunes en la vida cotidiana. Un panadero y su esposa fueron asesinados por no dar pan gratis a la Guardia Revolucionaria, que les acusó de ser alemanes. Un periodista dio noticia de que había visto una muchedumbre observando a dos hombres jóvenes, aún vivos, colgando cabeza abajo de árboles. Rusos y checos, juntos, llevaron contenedores de gasolina de un depósito cercano, la vertieron sobre sus víctimas y les prendieron fuego. El periodista observó que algunos de los espectadores se acercaban a las antorchas humanas para encender sus cigarrillos.

Alice estaba horrorizada por la crueldad desatada en aquella frenética limpieza étnica. «Antes de la guerra, nosotros, los checos, alemanes, judíos, éramos amigos y vecinos. La mayoría de nosotros éramos bilingües. Teníamos dos idiomas maternos, el checo y el alemán. Asistíamos a escuelas alemanas. Leíamos tanto los periódicos en checo como en alemán. Kafka, Rilke y muchos otros grandes autores checos escribieron sus libros en alemán, mientras que otros, como Karel Capek, escribieron en checo. Vivíamos todos juntos como checoslovacos.»

El presidente Beneš arengó a los patriotas para la acción con una palabra: «Lidice». En 1942, los nazis destruyeron el pueblo de Lidice, a una hora en coche desde Praga, como respuesta al asesinato del diputado reichsprotector general de las SS Reinhard Heydrich, el oficial nazi de más alto rango en Praga. Cumpliendo órdenes de Karl Hermann Frank, todos los varones mayores de dieciséis años, ciento noventa y dos, fueron asesinados por brigadas nazis que los acribillaron el 10 de junio, cuando regresaban del trabajo a sus casas. Las mujeres y los niños fueron enviados a campos de concentración, donde la mayoría de ellos murieron. Los residentes de Lidice eran todos católicos. El pueblo fue quemado hasta quedar reducido a cenizas; el cementerio fue profanado y sus restos destruidos. Dos semanas después, un segundo pueblo, Ležáky, fue destruido de forma similar. Los nazis se fijaron esos pueblos como objetivo por ser sospechosos de cobijar a combatientes de la resistencia y a sus familias. En contraste con las atrocidades en los campos de concentración y otros lugares, consideradas alto secreto, los nazis anunciaron orgullosamente la masacre en Lidice como advertencia a los Aliados.

Muchos historiadores están de acuerdo en que, sin esa actitud autoritaria del presidente Beneš hacia las minorías étnicas, los ciudadanos con apellidos alemanes no habrían sido víctimas de la violencia. Recordando la violencia de la posguerra, Alice asiente: «*Ja, ja,* nosotros [los checos] amábamos al presidente Beneš, respetábamos a Beneš. ¿Cómo pudo, siendo el sucesor de Masaryk, transigir con Stalin?».

En medio de este caos y muerte, el NKVD (la policía secreta soviética), que también patrullaba libremente por Praga después de la rendición nazi, arrestó a Michal Mareš, un periodista checo gentil, a primeros de mayo de 1945. Irónicamente, el hecho de que Mareš fuese un idealista miembro del Partido Comunista Checo no impidió a los soviéticos encerrarlo en prisión con unos cargos vagos y ficticios. Mareš nunca supo los motivos que le habían convertido en su diana.

En confinamiento aislado, le dijeron que le habían condenado a la pena de muerte y que sería ejecutado. A los pocos días, un grupo de soldados le sacaron de su celda, lo condujeron a un patio interior, lo sujetaron a un muro, le vendaron los ojos y gritaron: «*¡Ogon!*» («¡Fuego!»). El pelotón de ejecución había recibido orden de disparar al aire, y el periodista salió ileso. Después de intercambiar un chiste vulgar, que Mareš cuenta en su autobiografía, los soldados le llevaron de vuelta a su celda. Su falsa ejecución, una de las formas especiales de tortura de los soviéticos, fue representada dos veces más. Estando todavía él en prisión, los Guardias Revolucionarios asesinaron a su indefenso y anciano padre en su cama, confundiéndole con un alemán. Mareš fue liberado en Praga el día que su progenitor era enterrado. Dicho asesinato le abrió los ojos a la realidad del sistema soviético y de sus verdaderas intenciones.

Michel Mareš estaba enamorado de la forma de tocar de Alice y solía asistir frecuentemente a sus conciertos antes de la guerra. Se conocían porque el gentil también era amigo de Kafka, Weltsch y Brod. Mareš sintonizó, casualmente, la emisora cuando Alice ya había empezado su concierto. Escuchando su radio esa noche de sábado de septiembre de 1945, Mareš, ya fuera de la cárcel, se preguntaba quién sería el pianista que interpretaba de una forma tan profundamente espiritual la sonata *Appassionata*. Cuando el locutor presentó a la intérprete como Alice Herz-Sommer, sintió una alegría desbordante. Alice estaba viva. La mañana siguiente a la emisión, sin pérdida de tiempo, acudió al Centro de la Comunidad Judía para intentar averiguar su dirección. Deteniéndose sólo para comprar flores, se dirigió a su apartamento.

Alice, que desde hacía tiempo sentía que su marido no había sobrevivido, aceptó las atenciones de su brillante admirador. Mareš adoptó el rol de padre sustituto para Rafi, que tenía ocho años y, feliz, le entretenía durante horas mientras su amada enseñaba o practicaba. El periodista ayudaba al niño con sus deberes, le llevaba al cine y a tomar helados.

A Alice le atraía el idealismo de Mareš. Bien educado en humanidades y con unos conocimientos excepcionales de la música clásica europea de los siglos XVIII y XIX, era un experimentado viajero que no sólo había viajado por Europa, sino que también había visitado varios países africanos. Siendo un joven adolescente, protestó por el asesinato en España del pedagogo anarquista Francesc Ferrer i Guàrdia, y, por esta ofensa, fue expulsado de todas las escuelas en el Imperio Austro-Húngaro. Después de la primera guerra mundial, cuando la liberal Checoslovaquia declaró su independencia, Mareš desarrolló fuertes tendencias comunistas y, al parecer, intentó convencer a Kafka y a Brod de los beneficios del socialismo para el individuo. La miseria y las tragedias causadas por la ocupación alemana de su país cimentaron su creencia en la salvación del idealismo comunista; después de todo, el Ejército Rojo había liberado Praga. Mareš fue uno de los muchos checos que votaron al Partido Comunista, que consiguió la mayoría en las elecciones de 1946. Y entonces cambiaron las cosas.

A la vista de los horribles incidentes de antisemitismo y la violencia contra los que tenían apellidos germanos, Mareš se sintió indignado por la ceguera del gobierno al odio y la barbarie en tiempos de paz. Empezó a escribir en una revista semanal, *Dnesek* («Hoy») —«con extraordinaria valentía», enfatiza Alice— sobre las atrocidades checas contra los supervivientes judíos y las personas de etnia germana.

En su artículo, «La tragedia de la kolchoz (granja cooperativa) checa», del 11 de julio de 1946, Mareš describe la destrucción de los pueblos y el deterioro de las granjas después de que los de etnia germana fueran obligados a marcharse. «Un grupo de guardias revolucionarios y otras bandas de los alrededores de Praga aparecieron en la región de Úštěk y atacaron a los vecinos de los pueblos con armas de fuego… Ninguno de los aterrorizados granjeros tuvo tiempo de pensar en oponer resistencia. En dos horas acabó todo. Los matones se apoderaron de un paraíso con más de 120 hectáreas de tierra muy fértil, campos de lúpulo, una cosecha de trigo, y más de cuatro mil árboles frutales de todo tipo. ¿Y dónde y en qué condiciones está hoy todo aquello?»

En su proceso por difamación a la policía en 1946, el periodista declaró en su propia defensa: «Si la libertad es verdadera, no pueden sentenciarme. Si nuestra libertad sólo es parcial o ficticia, no me importa la sentencia… Mantenerse callado acerca de lo que está sucediendo significaría perder el honor. Podrán callarme a la fuerza pero ésa será la única forma de mantenerme callado». Absuelto de su primer juicio, Mareš mantuvo su promesa y continuó exponiendo el trato del gobierno a los ciudadanos de ascendencia germana y a todos los acusados de simpatizar con la cultura germana. Alice admiraba su lucha ante la injusticia y la capacidad de su pluma para atraer la atención.

Alice y Michel Mareš empezaron a planear una nueva vida juntos en Praga. Rafi le había cogido cariño y, durante un tiempo, parecía que podría integrarse en su pequeña familia. Su generosidad con Alice era casi abrumadora. Le traía comida y flores y, un día, llegó con su más preciada posesión: un pequeño retrato al óleo de una mujer parisina pintado por Henri Toulouse-Lautrec. Aunque ella no sabría decir si se trataba de un regalo de compromiso, era bien sabido entre sus amigos que ella y Mareš eran una pareja. Su amiga Edith Steiner-Kraus, cuyo marido tampoco había sobrevivido a Auschwitz, la animaba a construir una nueva vida con alguien que la amaba. Edith se había vuelto a casar, y ella y su nuevo marido estaban haciendo planes para emigrar a Palestina, porque Edith creía que tendría más oportunidades en el nuevo país.

Aunque los checos asistieron a las primeras discusiones del Plan Marshall, Stalin anuló esta participación en la alianza occidental. A principios de 1948, las purgas de no comunistas del Ministerio del Interior y la policía se intensificaron; los doce miembros no comunistas del gobierno de Beneš dimitieron. En un intento de evitar la guerra civil y una mayor implicación soviética, el presidente, finalmente, aceptó las dimisiones y su sustitución por miembros del Partido Comunista. Él también dimitió, el 7 de junio de 1948.

Michal Mareš cada vez se sentía más molesto por la amenaza de la Unión Soviética y sus aliados en la policía. Siguió escribiendo sobre los asesinatos de alemanes y el saqueo de sus propiedades, y sobre la implicación de oficiales checos, policías y dictadores locales. Fue el primero en utilizar la expresión «métodos Gestapo» para describir los actos violentos cometidos por los checos sobre los alemanes en los Sudetes, en Praga y en varios campos en los que fueron internados los alemanes, esperando su traslado a Austria. La prensa comunista atacó con saña al periodista, y fue expulsado del Partido en 1947. Poco después de la llegada al poder de los comunistas, en febrero de 1948, Mareš volvió a ser arrestado y esta vez sentenciado a siete años de cárcel con falsos cargos de traición. Alice, quien todavía creía en la democracia checa, pensó que lo liberarían pronto y su vida podría seguir según lo planeado.

La situación parecía muy diferente desde fuera. Al leer las noticias en los periódicos, las hermanas de Alice en Palestina se alarmaron. Después de que Israel fuese proclamado Estado, el 14 de mayo de 1948, la presionaron más para que emigrara. Como ella seguía manteniendo la esperanza de vivir en su patria, Mitzi y su hijo Chaim viajaron a Praga, no para visitar a su hermana gemela, sino para convencerla de que se marchase en cuanto pudiese obtener los papeles. Pero cuando Mitzi llegó, fue consciente de que su hermana era todavía optimista acerca del futuro en Praga, y aún más optimista acerca de la atracción romántica de una nueva vida con Mareš.

Chaim recuerda haber escuchado a su madre y su tía hablando de Mareš. «¡No seas ingenua, estás ciega! —Mitzi insistía—. Aquí no tienes ningún futuro.»

«Mareš quiere adoptar a mi hijo. Queremos vivir nuestras vidas juntos», le comunicó Alice a su hermana.

«De acuerdo —convino Mitzi—. Que se reúna contigo en Israel cuando salga de la cárcel.»

Mitzi argumentó que sería mucho mejor para Rafi crecer entre sus parientes, y que Alice podría llevar una vida segura dando clases en la academia de música. Al final, los sólidos argumentos de su gemela convencieron a Alice.

Alice tenía poco tiempo para preparar su partida. Por suerte, conocía a un joven compatriota que pilotaba un avión cargado con armas de fabricación checa con destino a Israel. Dado que los comunistas habían prohibido a los checos sacar nada del país excepto su ropa, Alice necesitaba un modo creativo de enviar el cuadro de Toulouse-Lautrec, la colección de sellos de Rafi y su piano a Jerusalén. El piloto, que también era músico, se ofreció a ayudarla, convencido de que, puesto que los comunistas ya habían dado su visto bueno al cargamento ocupado por Israel, su vuelo no sería registrado. No obstante, escondió el cuadro bajo las armas. Durante el vuelo, perdió potencia en dos de sus cuatro motores, iba escaso de combustible y no consiguió contactar con la torre de control israelí. Finalmente, logró amerizar su avión. Él resultó ileso pero el piano y el cuadro sufrieron serios desperfectos por el agua y la sal.

Después de muchos debilitantes años, Mareš fue finalmente liberado de la prisión por su mala salud. Aunque los comunistas le habían permitido escribir una carta semanal a su madre, no le informaron de su muerte, acaecida tres años antes. Ni él ni Alice sabían, cuando ésta emigró, que los viajes para los checos quedarían restringidos a los otros países del bloque soviético. Mareš no tendría la posibilidad de escapar a occidente o a Israel. Aunque Alice se hubiera quedado en Praga para estar con el periodista, Rafi habría crecido sin su padre adoptivo y se habría graduado en el instituto antes de que éste hubiese sido liberado de la prisión. Alice habría pasado esos años sola y su relación habría cambiado inevitablemente por la separación. Y, al poco tiempo, habría enviudado por segunda vez.

Mareš dedicó sus últimos años a verter sus pensamientos y decepciones en una biografía que, inacabada, sería publicada póstumamente. Confirmaba tanto su plan de adoptar a Rafi como su amor por Alice. Ésta nunca tuvo la oportunidad de explicarse, ni siquiera de despedirse de Mareš. Según las leyes, el derecho de visita en prisión sólo les correspondía a los familiares directos, y en aquellos años, la comunicación entre Alice en Israel y Mareš, en un país tras el telón de acero, era imposible. Murió enfermo y pobre en 1971. En 1991, veinte años después de su muerte, fue totalmente exonerado por el gobierno democrático de Václav Havel.

Alice todavía piensa en él en la actualidad. En una entrevista en diciembre de 2010, no habló de su marido; en lugar de ello, sonrió y habló de su admiración por el heroico Michal Mareš: «Fue un hombre valiente. ¡Valiente! —insistió—. No tenía elección. Aunque sólo fuera por Rafi, tenía que aprovechar la oportunidad de construir nuestro futuro en Israel. No podíamos esperar a ver qué sucedería. Teníamos que salir de Checoslovaquia rápidamente. El coraje que había desarrollado por todo lo que había pasado me ayudó a tomar esa fatídica decisión de huir».

Y como le suele ocurrir a Alice, un recuerdo lleva al siguiente, y cierra los ojos sumida en profundos pensamientos y habla de Michal Mareš. «Era una especie de genio del valor. Escribía la verdad. Otros tenían demasiado miedo. El miedo hace que nos rindamos. El valor nos da una oportunidad. —Tras una larga pausa, añade—: Yo no estaría aquí hoy. ¡Valor!»

6
LA CUCHARA DE HOJALATA

Alice sólo tiene buenos recuerdos de su marido, que murió hace tanto tiempo. «Era un hombre ilustrado. De extraordinario buen carácter. Le respetaba. Aprendí de él. Él me respetaba... respetaba quien yo era y lo que la música significaba para mí. El respeto mutuo es la base de un matrimonio feliz.»

Alice es romántica de nacimiento, igual que su madre. Sofie Herz acató los deseos de sus padres, que contrataron a un experto en concertar matrimonios para encontrar al marido «adecuado» para su hija. Ese marido, el padre de Alice, era veinte años mayor que su futura esposa y procedía de un entorno rural. Friedrich Herz demostró ser un digno marido y padre, aunque a Sofie nunca la entusiasmó y siempre sintió que estaba por debajo de su nivel intelectual porque no había estudiado literatura, arte ni música.

Alice estaba decidida a tomar sus propias decisiones. Puede que aprendiera de la infelicidad de su madre, ya que ésta les hablaba claramente a sus hijos de su desencanto con su marido. Alice vio a su madre hablar con su padre sólo en contadas ocasiones porque, como Sofie aclaró, su conversación era, sencillamente, penosa. Fue en el funeral de Friedrich donde la pianista se dio cuenta de que su padre había sido muy amado por su espíritu generoso y servicial.

En el Conservatorio de Praga, donde Alice estudió piano, un estudiante húngaro alto y apuesto, Jeno Kacliz, se sentía obsesivamente atraído por ella y su apasionada forma de tocar. Diez años mayor y más experimentado, puso en práctica todos sus bien ensayados trucos de seducción sin obtener el éxito esperado. «La música es amor y el amor es música», repetía Jeno incesantemente. Él y Alice trabajaban juntos en la misma pieza de Schumann, *Fantasía en do mayor*, con el mismo profesor. Participaban en los mismos concursos, en los que, por lo general, se imponía el virtuosismo de la joven. Pero nada desalentaba a Jeno de su propósito. Y persistió hasta que Alice puso fin al cortejo escudándose en su diferencia de edad. Durante su último año juntos en el conservatorio, ella consiguió que quedaran como amigos y colegas, hasta el punto de que algunas veces tocaron duetos. Nunca volvió a saber de él después de que Jeno regresara a su casa en Hungría.

En esos mismos tiempos, Alice se enamoró del hermano de su amiga Trude Kraus. Al contrario que Jeno, Rudolf Kraus no era ni alto ni apuesto; era quince años mayor que ella y dentista. Se sentía atraída por su aura de sofisticación, su forma de sujetar el cigarrillo y de descorchar una botella de vino, incluso por su manera de formular una pregunta sencilla. Aunque no sabía casi nada de música clásica, él quedó cautivado, o eso decía él, en un recital que ella había ofrecido en su casa. Alice creía que Rudolf la entendía, y cuando la llevaba a bailar, varias noches por semana, ella se sentía segura en sus brazos. Por primera vez en su vida, Alice estaba locamente enamorada.

Varios meses después, planearon irse de vacaciones a esquiar con algunos amigos. Aunque Alice y Rudolf tomaron habitaciones separadas en el hotel de montaña donde se alojaron, cada uno de ellos tenía una expectativa diferente de sus vacaciones. Rudolf daba por sentado que dormirían juntos.

Alice resistió sus lances. Apenas estaba conociéndole y aún no se había mencionado la palabra «matrimonio». Además, a ella le asaltaron las dudas desde el momento en que salieron de Praga: Rudolf parecía muy diferente cuando estaba con sus amigos. Quizá no lo conociera en absoluto, o la diferencia de edad fuera, en efecto, demasiada. ¿Realmente amaba la música, o su interés era superficial? A lo mejor, como muchos checos, tenía más de una novia. Después de todo, era un hombre mayor atractivo, acostumbrado a conseguir lo que quería. Instintivamente, la joven comprendió que, si él la valoraba, en lugar de enfadarse, sería paciente.

Después de su regreso a Praga, las visitas que le hacía a la casa de sus padres en el distrito séptimo de la capital fueron haciéndose menos frecuentes. Alice pensó que quizá la culpara por el accidente que habían sufrido cuando regresaban de esquiar. El coche de caballos en el que viajaban volcó y el dentista se rompió una mano. Pero al final comprendió que la había rechazado por su negativa a mantener relaciones sexuales. A través de la red de rumores que era la chismosa Praga por aquel entonces, Alice escuchó que Rudolf estaba viendo a otra mujer; es decir, supo que la había plantado. Pero cuando se enteró, por su hermana, de que estaba comprometido, se afligió. Saber que no era el hombre adecuado para ella le produjo cierto consuelo. Se dijo a sí misma que Rudolf era muy diferente al Rudy imaginario que había conquistado su corazón. Aun así, durante un tiempo no pudo soportar la idea de vivir sin él.

Entonces, como a lo largo de toda su vida, el optimismo volvió a aflorar y Alice empezó a practicar con su piano sin mirar atrás. Transformó su decepción en generosidad y envió a los recién casados un jarrón antiguo de cristal checo, con sus felicitaciones. No obstante, el recuerdo de sus sentimientos por Rudolf nunca se ha borrado por completo. Al parecer, su rechazo dañó profundamente la imagen que tenía de ella misma. A los ciento siete años de edad, Alice todavía describe a su hermana Mitzi como una gran belleza: «En comparación con ella, yo no era nada guapa», afirma. Sin embargo, en las fotografías es casi imposible distinguir a una hermana de la otra.

Alice quizá no habría conocido a su futuro marido sin otra pérdida devastadora, la de su amiga de adolescencia, Daisy Klemperer, de quien —como de Trude Klaus— era inseparable.

Con tan sólo veintidós años, Daisy murió de repente por una infección sanguínea, algo que hoy día es fácilmente curable con antibióticos. Fue una de las pocas veces en su vida que Alice dejó de tocar el piano, y sus padres y amigos estaban preocupados.

Varios días después del funeral de Daisy, Trude le mencionó a Alice que un buen amigo de Hamburgo, Leopold Sommer, le había enviado una carta reconfortante sobre la tragedia. «Escucha esto», dijo Trude mientras abría la carta para leer algunas líneas a Alice.

Leopold escribió que aunque la muerte de la joven muchacha había sido trágica para los que la amaban, no había sido tan terrible para Daisy. Instó a Trude y a sus amigos a percibir la muerte como un aviso para tomarse el tiempo de examinar sus propias vidas y considerar qué es lo verdaderamente importante. Advirtiendo no medir el valor del individuo en términos de dinero, éxito público o estándares superficiales, Leopold hizo hincapié en la necesidad de procurar llevar una vida útil todos y cada uno de los días.

Con esas palabras en mente, Alice empezó a practicar de nuevo. Más tarde le pidió a Trude que le presentara a su amigo.

Excelente violinista amateur, Leopold Sommer se había criado en Praga, donde sus padres, muy ilustrados y cultos, vivían en la villa familiar. Su hijo había elegido estudiar administración de empresas, ya que pensaba que no era un violinista lo bastante bueno para competir profesionalmente. Como hablaba un inglés bastante fluido, tomó su primer empleo en la sucursal de Hamburgo de una compañía de importación y exportación británica. Regresaba a Praga varias veces al año para visitar a su familia. En una de esas visitas, Trude organizó un concierto en su casa con bastantes invitados, para que la presentación de Leopold a Alice no resultase incómoda. Él y su cuarteto de cuerda actuarían en primer lugar, y Alice tocaría después del intervalo.

Leopold y Alice hablaron largamente durante el té al final del concierto, y él le pidió una cita para el día siguiente. La joven se sentía intrigada por ese ilustrado y sabio joven, cuya decorosa apariencia le resultaba de lo más atractiva. Sus visitas a Praga se hicieron más frecuentes. Seguro de que sus padres aprobarían a Alice, Leopold no perdió tiempo en organizar un concierto en su casa para que su amada y sus padres se conocieran: los Sommer la recibieron desde el principio como una hija.

Cuando el padre de Alice murió, repentinamente, de un ataque al corazón, Leopold vino en seguida de Hamburgo para estar a su lado en el funeral. Parecía claro que su destino era estar juntos y Leopold empezó a buscar un nuevo puesto de trabajo en la capital checa. En una de esas visitas, después de una cena romántica y un concierto glorioso, subieron el empinado camino hasta el castillo de Praga. Tomados del brazo observaron desde la cumbre una panorámica de su ciudad brillantemente iluminada. De repente, Alice anunció que quería que él supiera que se casarían ese mismo año. Obviamente, esa idea también había estado rondando la mente de Leopold, quien no se sorprendió en absoluto por su arrebato; tan sólo le preguntó cuándo.

Alice Herz ya era una pianista de éxito cuando se casó con Leopold Sommer en 1931. «Era un hombre amable —dice Alice, y continúa evocando—: Yo siempre había tenido cierto temor a la forma de ser de los hombres checos. ¿Sabes a qué me refiero?» Está refiriéndose a la tendencia establecida de los hombres casados de tener amantes. Alice añade: «En nuestra noche de bodas, le dije que sabía que no era hermosa y que encontraría cientos de mujeres más encantadoras, y que yo nunca me quejaría. Pero —agrega ella tras una pausa— tuve suerte con mi marido. Era de los fieles».

Como no querían tener una boda formal, Alice y Leopold legalizaron su unión en una ceremonia civil privada en el Ayuntamiento de Praga, algo común entre los judíos seculares de la ciudad. El hermano de Alice, Paul, fue su único invitado. Los demás miembros de la familia, incluida su madre, se quedaron en casa para preparar la cena de celebración después de los cantos del contrato matrimonial.

Alice llevaba un traje de lana de vinca con cuello blanco pespunteado. Su chaqueta era larga, a la moda; sus zapatos de cuero eran de color marfil, igual que sus medias. En la cabeza llevaba un sombrero de color blanco roto, estilo *flapper*. Portaba unos manguitos sobre los guantes blancos que cubrían sus manos. El único símbolo tradicional del día de su boda fue el ramo de novia, de lirios blancos y rosas.

De vuelta a casa, antes de sentarse a cenar, Alice y

Leopold interpretaron la sonata *Primavera* de Beethoven para violín y piano, un símbolo muy apropiado de su unión. Sofie fue generosa con el ganso asado con semillas de alcaravea, las setas silvestres, el buen vino francés y una tarta de la repostería más cara. Llevaba el vestido más elegante que había heredado de su propia madre, de terciopelo negro, con una capa larga que le llegaba hasta los pies, sujeta al cuello con un antiguo broche de granate que Friedrich le había regalado el día de su boda. Como viuda y cabeza de familia, hizo el brindis por la pareja. Sofie parecía contenta con la elección de su hija, y les ofreció a ambos el dinero que había estado ahorrando durante muchos años para la dote de Alice. Los varios miles de coronas checas serían suficientes para amueblar el apartamento de los recién casados, que estaría en el mismo barrio donde habitaban la madre y su hermana Irma. Los padres de Leopold honraron a Alice con un piano de cola Förster nuevo.

En 1937, Alice y Leopold fueron bendecidos con el nacimiento de su hijo, a quien pusieron el nombre de Štěpán, por su querido profesor. —En Israel, se cambió el nombre por el hebreo, Raphaël—. Alice practicaba en su nuevo piano y daba clases a jóvenes estudiantes. Leopold trabajaba en la oficina y participaba como amateur en sesiones de música de cámara. Por la tarde asistían a conciertos o a funciones de teatro. Los fines de semana exploraban los museos de arte de Praga y pasaban tiempo con los amigos. Su piso era acogedor. Se tenían el uno al otro, una cocinera y una niñera.

Pero el mundo que conocían pronto iba a cambiar para siempre.

Las tropas de Hitler ocuparon Checoslovaquia el 15 de marzo de 1939. La última carta conocida que escribió Leopold desde Praga a Palestina da fe del esfuerzo de sus compatriotas para vivir con normalidad sin quejarse. Le cuenta a su cuñado Felix Weltsch que, mientras escribe, Alice está en la habitación de al lado ensayando la *Sonata n° 31* de Beethoven, preparándose para un concierto. Gran parte de la carta la dedica a historias de Rafi, que había cumplido tres años. «Estamos bien todos, excepto Štěpán, que tiene un ligero resfriado. Habla como un loro y se sube a todas partes. Ha roto dos violines. No podemos apartarle del piano, que quiere tocar constantemente.»

En 1943, cuando Alice y Leopold fueron deportados a Theresienstadt, donde les forzaron a vivir separados, algunas veces, éste encontraba la forma de hacer una breve visita a su esposa e hijo después del trabajo, y hablaban en susurros. Ocasionalmente, conseguía algún trozo extra de pan para Rafi, quien se entusiasmaba cada vez que veía a su padre.

Alice vio a su marido por última vez el 2 de febrero de 1943, cuando era introducido en un tren con destino a Auschwitz. «Putzi, así le llamaba —confiesa evocadora mientras piensa en el hombre al que aprendió a amar durante sus breves once años de matrimonio. Toca su brazalete de bodas, que sobrevivió a los nazis; junta las manos y las acerca al pecho—. Era tan joven aún…»

Aunque Leopold sobrevivió a Auschwitz, fue uno

de los muchos que fueron enviados a Dachau ante el avance de los Aliados. Allí, murió de hambre y frío el 28 de marzo de 1945, un mes y un día antes de que Dachau fuese liberado, el 29 de abril.

Como músico, Alice había sido entrenada desde niña para escuchar atentamente cuando ensayaba o interpretaba. Su capacidad para escuchar literalmente las instrucciones de Leopold le salvó la vida. Durante los pocos momentos que ella y su marido estuvieron juntos antes de que él fuera enviado a Auschwitz, éste le susurró: «A pesar de lo que la Gestapo pueda ofrecer, nunca, jamás, te ofrezcas voluntaria para nada. Nunca creas nada de lo que te digan. Prométemelo». A Leopold le consumía más la preocupación por la supervivencia de Alice y Rafi que el miedo a su propio destino. Apretándole la mano, ella le contestó: «Sí, te lo prometo».

Alice tuvo que retener a Rafi, con seis años, que intentaba correr tras Leopold. El pequeño le decía que quería irse en tren con su padre. Unos meses después, los nazis ofrecieron transporte a todas las mujeres que quisieran reunirse con sus maridos. Alice siguió el consejo de Leopold, pero muchas mujeres y niños se apresuraron en masa para montarse en el próximo tren: jamás se les volvió a ver, ni a los maridos ni a sus familias.

Después de la guerra, un hombre que había estado con Leopoldo cuando murió visitó a Alice. Fue a traerle una cucharilla de hojalata que Leopold había utilizado en los campos.

Hoy, mientras va repasando unos cuantos recuerdos en una caja de zapatos, recuerda la cucharilla de hojalata y estudia una fotografía de su joven marido. «Éramos buenos amigos. Teníamos una maravillosa unión que sólo podía haber crecido con los años. Yo creo que Saint-Exupéry nos legó el mejor de los consejos cuando escribió: "El amor no consiste en mirarse el uno al otro, sino en mirar juntos hacia afuera en la misma dirección". Todo el mundo quiere saber por qué no me volví a casar después de la guerra —continúa diciendo—. Cuando podría haber sido posible, estaba centrada en ganarme la vida y criar a mi hijo.

»El respeto lleva al amor —sigue afirmando Alice—. En el matrimonio, el respeto es aún más importante que el amor romántico.»

7
NUNCA SE ES DEMASIADO VIEJO

Una vez que Alice Herz-Sommer toma una decisión, raramente mira atrás. Y así fue cuando llegó el día de dejar Israel para ir a reunirse con su hijo en Inglaterra y de esa manera escribir un nuevo capítulo en la saga de su vida. Como las dos hermanas de Alice ya habían muerto, Rafi le argumentó que era libre para dejar su segundo hogar y la convenció. Vendió su apartamento en Jerusalén e hizo la maleta.

En poco tiempo, la noticia de su partida se extendió entre sus amigos, colegas y alumnos. Estuvo días recibiendo una corriente constante de visitantes entristecidos al enterarse de su partida. «Mi último día en Jerusalén parecía un día de puertas abiertas —recuerda—. Aunque no había invitado a nadie, mi vacío apartamento estuvo lleno de amigos hasta bien entrada la noche. Trajeron comida, fotografías y regalos, pequeñas cosas que pensaron que yo necesitaría. Los israelíes son tan atentos, tan generosos…» Reconfortó sus lágrimas con su sonrisa. «Visitadme en Londres. No está tan lejos», les dijo. Alice estaba especialmente triste por separarse de su mejor amiga, la pianista Edith Steiner-Kraus. Se habían apoyado entre ellas durante su cautiverio en Theresienstadt y habían compartido las alegrías de su nueva vida en la naciente nación israelí. Edith le preguntó: «¿Volveré a verte algún día? ¿Recuerdas la primera vez que llamé al timbre de tu puerta en Praga y te pregunté si querrías escucharme tocar las danzas de Smetana? —Alice añadió—: Eras una magnífica pianista. Me dejaste muy impresionada. Sentías instintivamente los ritmos checos. Siempre seremos amigas». Esa última tarde se prometieron que se telefonearían cada semana.

El único hijo de Mitzi, Chaim Adler, que había recibido a Alice en el puerto cuando llegó a Israel por barco en 1949, la condujo hasta el aeropuerto de Tel Aviv. Cuando llegó el momento de subir al avión, Alice y su sobrino se abrazaron. En ese instante, medio siglo de recuerdos pasaron sin palabras entre ellos. Luego, la mujer caminó decididamente hacia la puerta de embarque.

Raphaël se había establecido permanentemente en Londres con su esposa, Sylvie Ott, y sus dos pequeños hijos, David y Ariel, combinando su carrera de concertista con la seguridad de un puesto en la enseñanza en Mánchester. Algunos años después, en 1978, su matrimonio acabaría amigablemente, al enamorarse de Geneviève Teulières, una mujer francesa que había conocido décadas antes cuando ambos estudiaban en París. Cuando Rafi se hizo profesor de chelo en la Escuela de

Música Guildhall en Londres, dejó sus viajes a Mánchester para pasar más tiempo en casa.

Teniendo en cuenta la avanzada edad de su madre, Rafi y Geneviève animaron a Alice a que dejase de enseñar y se trasladase a la capital inglesa. Alice había aprendido un inglés rudimentario de niña y lo practicaba siempre que tenía ocasión y especialmente en sus visitas a Inglaterra, que se habían ido multiplicando con los años; perfeccionar el idioma no representó el mismo desafío que aprender hebreo. A Alice le encanta la vibrante vida musical de Londres, los enormes árboles y la hiedra, y la forma en que «todo está disponible». Y aunque disfrutaba de los veranos ingleses, más frescos, su hijo era la única razón de que viajara tantas veces.

Cuando Rafi le pidió a su madre que se mudara permanentemente a Londres para estar junto a él, al principio se resistía a la idea. La jubilación era un concepto desconocido para ella. No podía imaginarse la vida sin trabajar. «¿Por qué tendría que dejar de enseñar?», se preguntaba. Alice tenía una salud excelente y se sentía necesitada por sus estudiantes israelíes. «Yo quiero a mis estudiantes y ellos me quieren a mí», le decía a su hijo. Alice incluso sentía que dejar el país que le había dado la oportunidad de reconstruir su vida era un acto de ingratitud. Además, era la nación que había educado a su hijo, la tierra a la que había servido durante dos años en el ejército. Rafi había sido exento del servicio nacional por ser superviviente del Holocausto e hijo único. No obstante, él y Alice estuvieron de acuerdo en que debía devolver algo a la nación que les había acogido cuando no tenían un Estado. Alice estaba orgullosa de Rafi por tocar el chelo en la orquesta del ejército y el saxofón en la banda.

Marcharse de Israel significaba decir adiós a sus sobrinos y a los hijos de éstos. Suponía afrontar de nuevo todos los interminables detalles que hacen que la vida funcione, desde encontrar un nuevo médico y... farmacia, acostumbrarse a una dieta diferente, hasta aprender a moverse por la ciudad y familiarizarse con todas sus actividades culturales. Pero después de tomar la decisión de emigrar, su optimismo tomó el mando y procedió a hacer planes con determinación para esta siguiente etapa de su vida. El apartamento que se había comprado en Londres era de una sola habitación, que no era lo suficientemente grande para su preciado piano de cola Steinway. No tuvo más remedio que vender el instrumento y regalar la mayor parte de sus muebles. Según iba acercándose la fecha de su partida, el proceso fue volviéndose más mecánico y menos emocional. Después de todo, Alice nunca ha tenido apego a las posesiones materiales. Al final, envió su piano vertical, las fotografías y otros recuerdos a su nueva casa (cuya superficie era menos de la mitad de la de su confortable piso en Jerusalén) y llegó a Inglaterra con poco más de lo que llevaba puesto.

Desde su primer día en Hampstead, un barrio de Londres, Alice estableció una rutina que le ayudaría a mantenerse físicamente en forma. Comenzaba el día con una caminata hasta la piscina, donde nadaba durante una hora. Desde niña siempre ha sido una buena nadadora, y estaba acostumbrada a ir caminando a todas partes en Jerusalén (algo que también había hecho en Praga). Cuando regresaba a casa, Alice practicaba al piano durante al menos tres horas, algo que siempre ha sustentado su espíritu. Durante los primeros meses, cuando se extendió la noticia de que estaba en Londres entre las comunidades de emigrantes checos e israelíes, un reducido grupo de estudiantes encontraron el camino a la puerta de su casa. Enseguida reemprendió la vida social y empezó a asistir a conciertos y a hacer nuevos y duraderos amigos. Alice estaba ansiosa por restablecer su independencia a pesar del hecho de que se había mudado para estar cerca de su hijo y sus nietos.

En 1986, no mucho después de trasladarse a Inglaterra, cuando tenía ochenta y tres años, a Alice le diagnosticaron un cáncer de mama. Rafi acompañó a su madre a la cita con el médico, donde estudiaron las opciones de su tratamiento. Éste, sin querer alarmarla, le explicó con detalle las posibles consecuencias de una intervención quirúrgica: «Podemos operar; es decir, extirparle el pecho. Pero la recuperación le llevará algún tiempo y, dada su avanzada edad, los riesgos de la anestesia y de la propia cirugía son mayores».

«¿Qué ocurrirá si no me opera?», preguntó Alice.

«Bueno, a su edad —respondió el médico—, los tumores crecen más lentamente. Las posibilidades de que viva lo suficiente para sufrir los efectos más severos de este cáncer son muy bajas.»

Con esa respuesta, Alice le mostró a Rafi su mirada más ofendida antes de responder. «En ese caso quiero que me opere. Cuanto antes lo hagamos, mejor. Los cánceres han de ser extirpados.»

Rafi intervino: «Doctor, aparte de esto, mi madre es una mujer que goza de buena salud. Nada, al menos, una milla cada día y lleva una dieta sana. No la considere una anciana».

Riéndose, comenta: «Hace veinticinco años y todavía estoy aquí. Mi hijo tenía razón».

La forma de tocar el piano de Alice, su gran humor y su interés por casi todas las cosas, desde la literatura hasta la vida de los elefantes y la filosofía, impresionó a Valerie Reuben, una antigua ejecutiva de una editorial que vivía en el mismo bloque de apartamentos que ella. Cada vez más intrigada por la anciana pianista, Valerie sugirió a Alice que asistiera a clases con ella en la Universidad de la Tercera Edad.

Fundada en la Universidad de Cambridge por empresarios sociales, la Universidad de la Tercera Edad es una universidad en el sentido antiguo y original de un grupo que se reúne con el acordado propósito de estudiar. El profesor más inspirador de Alice allí es Ralph Blumenau, autor de *Filosofía y vida*. Según éste, la universidad «no es realmente una universidad en el sentido corriente, no hay exámenes, premios ni calificaciones, es para las personas jubiladas que deseen mantener su mente activa». El mayor departamento de la universidad, cerca de la casa de Alice, presume de ofrecer más de ciento cuarenta cursos y de contar con quince mil miembros. Todos los profesores son voluntarios, y algunas clases se conducen por sí mismas, sus estudiantes lideran la investigación y dan conferencias; obviamente, el trabajo es algo menos exigente que si estuvieran estudiando para conseguir un título.

Alice aprovechó la oportunidad e, inmediatamente, se apuntó a dos asignaturas: una era sobre la historia moderna de Europa y la otra sobre las obras de Spinoza y Kant. Sus compañeros estudiantes y los profesores no tardaron en darse cuenta de que era diferente a la mayoría de los otros alumnos. Ella leía y releía los textos asignados, y planteaba perspicaces preguntas cuya respuesta suponía un reto para los docentes. Así, por ejemplo, en sus clases de historia introdujo el tema de la precisión y la interpretación fiable. «¿Cómo se sabe cuándo un historiador tiene prejuicios y presenta los hechos de una forma torticera para demostrar su premisa?» Y en más de una ocasión, se enzarzó en una discusión sobre si se debería estudiar antes historia o filosofía. Alice descubrió, como estudiante laica, que entendía la filosofía más claramente cuando se presentaba en los tiempos históricos del filósofo o a través de alguna experiencia decisiva en la vida del autor.

El interés de Alice por la filosofía se encendió cuando su cuñado Felix Weltsch la introdujo en la materia cuando preparaba su doctorado en la Universidad Charles. Aun así no había sido capaz de profundizar en los trabajos de Spinoza hasta que empezó a estudiar formalmente filosofía en la Universidad de la Tercera edad. El profesor Blumenau la había impresionado con su extraordinario libro, que explicaba el modo en que los antiguos filósofos han influido en nuestra ética y nuestras actitudes hacia la vida y el mundo que nos rodea.

Después de la muerte de Rafi en 2001, Alice dio un giro hacia la búsqueda de significado en su vida con más intensidad que nunca. ¿Cómo podía explicar todo lo que había visto? ¿Cómo podía seguir viviendo con y después de esta tragedia? Leer a Baruch Spinoza la ayudó a analizar determinadas creencias y eventos de su propia vida. Aunque el filósofo había muerto doscientos años antes de que ella naciera, sus pensamientos le parecían aplicables a su propio tiempo y eran acordes con sus creencias. Existencialista por naturaleza, Alice siempre ha sentido que nadie es totalmente bueno o totalmente malo, y que depende del individuo cómo sobrellevar ambas partes de su naturaleza. La propia Alice intentaba concentrarse en lo mejor de cada situación a la que se enfrentaba. El filósofo neerlandés (hijo de judíos españoles) sostenía que Dios y Naturaleza son sinónimos y que, al igual que Dios y Naturaleza son infinitos, el bien y el mal, ambos, forman parte de lo que llamamos existencia. Él cree que todas las cosas están conectadas a todas las demás; que tenemos que amar a Dios, pero que Dios no tiene por qué amarnos a nosotros; y que una vida de razón y conocimientos es la mayor virtud. Para Spinoza, la Existencia es Dios.

Alice acepta la explicación de Spinoza del concepto de Dios. Aunque fue acusado de ser ateo, era una persona profundamente espiritual que amaba al Dios infinito. Basándose en su filosofía, se convirtió en un profeta de los valores democráticos, la separación de Iglesia y Estado y la tolerancia entre naciones y personas. Los próceres americanos que redactaron la Constitución de Estados Unidos en el siglo XVIII estaban profundamente influenciados por las modernas ideas del filósofo. Y rompiendo con las estrictísimas creencias ortodoxas hispano-lusas de su juventud, Baruch Spinoza se decidió por la auténtica fe en lugar de una religión crédula y dogmática.

Alice se fijaba en Arthur Schopenhauer y Friedrich Nietzsche por sus pensamientos sobre la música. Nunca se cansa de citarlos de memoria. Es más: recuerda a aquellos que quizá nunca se hayan tomado la molestia de ir a un concierto o de pagarles clases de música a sus hijos que Nietzsche escribió: «Sin música, la vida sería un error». Aunque Alice ama la poesía, la pintura y la arquitectura, coincide con Schopenhauer en que la música es la más elevada de todas las artes.

Alice continuó asistiendo a clases en la universidad tres días por semana hasta los ciento cuatro años. Ella cree firmemente que el aprendizaje formal es un importante factor de longevidad, porque mantiene nuestras mentes y nuestros cuerpos activos y positivos. Y aunque Alice en la actualidad no sale de su casa para asistir a clases, su querido profesor Blumenau se ha implicado tanto con ella que la visita al menos una vez por semestre para compartir una tarde de discusión filosófica.

SOPA DE POLLO

Hará unos veinticinco años, Alice estableció unos estrictos hábitos culinarios en los que la variedad brilla por su ausencia. Con el fin de conservar su más preciada y finita posesión, el tiempo, así como por razones de salud, decidió tomar la misma comida cada día. Eso evitaría la pérdida de valiosos momentos intentando decidir el menú y podría ahorrar tiempo porque su compra semanal nunca variaría. Después de haber cocinado para la semana, diez minutos para recalentar la comida y comer eran suficientes: era el máximo tiempo que estaba dispuesta a dedicar a alimentarse.

Alice no siente nostalgia de las complicadas comidas cargadas de rica nata de su niñez bajo el imperio de los Habsburgo. Los rechaza directamente y opta por la saludable simplicidad. Tras decidir que la cafeína era perjudicial para ella, eliminó por completo el té y el café, al igual que el vino o cualquier otro tipo de alcohol. Comienza su régimen diario tomando una rebanada de pan tostado con un trozo de queso feta. Medio plátano o una manzana y una taza de agua caliente completan su primera comida del día. En la comida y la cena, toma un tazón de sopa de pollo.

Alice sorbe agua caliente durante el día y ocasionalmente toma alguna fruta. La mayoría de los días, no obstante, no toma nada más; a no ser que alguna visita traiga bombones, una tarta hecha en casa o un pastel de merengue de limón, que a ella tanto le gusta. Aunque Alice ha adoptado estrictos hábitos de vida, nunca ha sido rígida. «Soy muy independiente» ha sido uno de sus mantras, y la dieta que ideó para sí misma era una que se podía preparar ella sola hasta que tuvo ciento cinco años. A causa de su pérdida de visión y su, a veces, paso inseguro, Alice finalmente accedió a sustituir su sopa de pollo por comida a domicilio. Todavía, a sus ciento ocho años se prepara su propio desayuno y su cena, tostadas con queso y las sobras de la comida. Por supuesto, echa de menos su sopa de pollo, pero es una entusiasta de la comida caliente del mediodía cuya base es el pollo u otro tipo de carne y las verduras, que llega puntual a la una del mediodía en su pequeño envase de plástico negro. Lo que más le agrada es recibir las caras sonrientes de los jóvenes repartidores, que la saludan por su nombre. Viéndola abrir el paquete y sacar el contenido de aspecto poco apetitoso con entusiasmo, su amiga Anita, en broma, le dice: «Eres la única persona en el mundo a quien le gusta esa comida». «A mí me sabe bien, tengo hambre», replica Alice mientras come vorazmente. No obstante, la sopa de pollo casera que algún atento vecino o amigo le ofrece ocasionalmente sigue siendo néctar de los dioses para Alice.

Hasta pasados los noventa años, Alice hacía deliciosas tartas de manzana para sus invitados. La receta que aprendió de su madre ha ido pasando de generación en generación desde su abuela morava. Los centroeuropeos siempre han sido muy aficionados a las saciantes tartas hechas con frutos secos y fruta que pueden comerse a cualquier hora del día. Alice solía servirla a sus invitados a la hora del té.

SOPA DE POLLO

Ingredientes

2 cebollas grandes, en trozos grandes

2 dientes de ajo, picados

5 tallos de apio, en trozos de 10 cm

8 zanahorias, en rodajas

½ pimiento verde, picado

2 chirivías, picadas

1 tomate pequeño, picado

60 g de perejil fresco

240 g de eneldo

1 cubito de sopa de pollo Knorr

6 clavos enteros

1 pollo de 1½ a 2 kg, cortado por la mitad

3 puerros (sólo la parte blanca)

7 chalotas, enteras pero peladas

1 cucharadita de sal

½ cucharadita de pimienta negra molida

Unas ramitas de eneldo, para decorar

Se echan la cebolla, el ajo, el apio, las zanahorias, el pimiento verde, el tomate, el perejil, el eneldo, el cubito de sopa de pollo y los clavos en una olla con 600 ml de agua fría. Se pone al fuego hasta que hierve, se cubre y se deja media hora a fuego lento. Se añade el pollo y sal y pimienta al gusto. Se vuelve a hacer hervir, se cubre y se deja a fuego lento otra media hora. Se añaden los puerros y las chalotas, se deja que hierva de nuevo, se cubre y se deja a fuego lento una hora más. Se prueba para ver el punto de sal y de pimienta. Cuando se enfría, se saca el pollo, se le quitan la piel y los huesos y se echa a la sopa. Se retira la grasa de la superficie con una espumadera. (Yo enfrío la sopa en el frigorífico para poder retirar toda la grasa del caldo.) Se recalienta, se adorna con eneldo y se sirve con pan caliente italiano o francés. Es suficiente para cuatro raciones: constituye el plato principal.

TARTA DE MANZANA DE ALICE

Ingredientes

480 g de harina

2 cucharaditas de levadura en polvo

1 cucharadita de bicarbonato sódico

¾ de cucharadita de pimienta de Jamaica

2 cucharaditas de canela molida

1 cucharadita de nuez moscada molida

½ cucharadita de clavos molidos

240 g azúcar moreno ligero

240 g de azúcar blanco

3 huevos grandes enteros

1 cucharadita de extracto puro de vainilla

4 manzanas Granny Smith o Golden Delicious,

peladas y sin semillas, cortadas en trozos grandes

3 cucharadas de Calvados (opcional)

240 g de nueces, troceadas

160 g de pasas

2 cucharadas de azúcar de repostería

Precalentar el horno a 175 grados.

Se unta bien de mantequilla una bandeja o un molde y se espolvorea con harina, asegurándose de que el fondo y los lados de la bandeja estén bien cubiertos para evitar que se pegue. Se retira la harina sobrante.

Se mezclan la harina, la levadura en polvo, el bicarbonato sódico, la pimienta de Jamaica, la canela, la nuez moscada y los clavos. Se añade los dos tipos de azúcar a la mezcla. Se añaden los huevos, la vainilla y la mantequilla ablandada. Se bate con la batidora eléctrica durante unos cuatro minutos o hasta que la masa esté muy suave.

Se pelan y cortan las manzanas en trozos grandes y se trocean las nueces. Se añade el Calvados a los trozos de manzana (es opcional) y se remueve varias veces. Se retira cualquier líquido que se acumule en el fondo del bol. Se agregan las manzanas, las nueces y las pasas a la mezcla de la tarta. Se pone todo en la bandeja, que se coloca en el centro del horno precalentado. Se hornea durante una hora. Cuando la tarta se encoja por los lados, estará lista. Se saca de la bandeja y se deja enfriar en el plato donde se va a servir. Antes de ello, se criban una o dos cucharadas de azúcar de repostería por encima.

8
LA MÚSICA ERA NUESTRO ALIMENTO

El tercer día de Alice en Theresienstadt le ordenaron que diera un recital la siguiente semana. «Pero, necesito ensayar», repuso ella.

«¿Te imaginas? —dice Alice hoy—, me dijeron que sólo tendría permiso para practicar una hora al día antes de ir a mi trabajo asignado.» El primer trabajo de Alice era en la lavandería. Eventualmente, le ordenaron también separar piezas de mica para la fabricación de armas, un trabajo duro y peligroso para las manos de una pianista. El día siguiente, Alice encontró la sala que le había sido asignada de las nueve a las diez de la mañana para ensayar. Sin tiempo que perder, se puso a tocar sus estudios de Chopin, y descubrió que el pedal del piano no funcionaba y que varias teclas se atascaban constantemente. Negándose a darse por vencida, en seguida se adaptó a las limitaciones del instrumento y comenzó a tocar con abandono, perdiéndose en la música. «Al menos, estaba haciendo música y eso es algo que siempre me hace feliz», comenta ella al recordar las circunstancias. Practicando con los ojos cerrados, estaba tan absorta en la melodía del estudio en la bemol mayor que no oyó que la puerta se abría y que unos pasos cruzaban la sala. Cuando se detuvo por un momento, una voz familiar le dijo: «Verdaderamente impresionante, Alice, y con ese desvencijado piano». Se trataba de Hans Krása, un apuesto y refinado compositor a quien Alice había conocido en Praga. Desde la última vez que se habían visto, unos meses atrás, había envejecido y adelgazado. «Me alegro tanto de que todavía estés aquí… ¿Estás bien?» Alice fue incapaz de controlar sus lágrimas. Por todas partes, todos los días, desde que había llegado a Theresienstadt, había buscado a su madre infructuosamente. Alice se sintió reconfortada al poder hablar con alguien que había conocido a su madre y que la había reconocido a ella como una gran pianista. Aunque no tenía respuestas, Krása echó mano del humor checo: «Señora, lamento no poder invitarla a mi castillo. Pero ¿me permitiría escuchar sus ensayos?».

El 10 de junio de 1940, la Gestapo tomó el control de Terezín, una pequeña localidad a una hora en coche de Praga. Inmediatamente la convirtió en un gueto —acotado por sus muros del siglo XVIII— y el fuerte adyacente, más pequeño, en su prisión para los enemigos políticos. A finales de ese año, obligaron a evacuar sus casas a todos los residentes checos y enviaron un cargamento de jóvenes y fuertes hombres judíos para transformar los edificios en un campo de concentración.

Identificado por su nombre alemán, Theresienstadt, fue concebido por Hitler como campo «modelo» y establecido oficialmente el 24 de noviembre de 1941. Astutamente organizado por Reinhard Heydrich y Adolf Eichmann para desviar y ocultar la realidad de la masacre de judíos por los nazis en Europa, lo publicitaban como un pueblo-balneario, donde los judíos podrían instalarse para vivir cómodamente al margen de la guerra. Como parte del ardid, era el único campo en el que los judíos podían solicitar la admisión y privilegios especiales, y pagar el importe de los traslados; podían incluso, por un altísimo precio, solicitar que sus nuevas casas tuvieran vistas al plácido lago y a las hermosas montañas. Éstas eran tácticas complementarias de los nazis para confiscar el dinero, las joyas y las propiedades de la gente antes de matarla.

Viviendo en Praga todavía, Alice y Leopold ya empezaron a escuchar rumores de muerte, enfermedades, falta de higiene y agua contaminada. Y tras fletar los primeros trenes con carga humana desde el campo hacia el Este, la verdad oculta tras los rumores empezó a emerger: en lugar de acogedores apartamentos, los ciudadanos checos judíos, incluidos músicos, escritores, científicos y profesores, estaban siendo hacinados en salas sin ventilación, sin privacidad, sin instalaciones sanitarias y sin comida. Theresienstadt era, a la vez, un gueto y un campo de concentración.

La mayoría de los prisioneros eran hacinados en grandes barracas militares o en las pequeñas casas que habían construido los anteriores habitantes para cobijar a una familia. Algunos de los recién llegados se amontonaban en los edificios más grandes, que un día habían sido oficinas o escuelas. Al principio, uno de los mayores problemas era la escasez de retretes. La gente esperaba formando largas colas —y el papel higiénico estaba prohibido para los judíos—, ni siquiera a los niños enfermos o a los ancianos se les permitía saltarse la cola.

Muchos de los judíos que el Consejo Judío de Praga, bajo estricta supervisión nazi, había enviado a Theresienstadt eran músicos, artistas y escritores que, tan pronto como llegaban al campo, organizaban actividades musicales de forma clandestina, a pesar del hecho de que cualquier tipo de interpretación musical había sido estrictamente prohibida desde el principio del Tercer Reich. Muchos de los músicos habían introducido de modo furtivo sus instrumentos al campo. Con el fin de ocultar su chelo, un artista lo desmontó totalmente, escondió las piezas entre su ropa, y luego volvió a unirlas en su barracón. Aunque los artistas eran cautelosos y montaban los clandestinos e improvisados conciertos en sótanos o áticos, fueron descubiertos. Sin embargo, para su sorpresa, en lugar de ser castigados, a los músicos se les ordenó tocar más frecuentemente.

Los nazis comprendieron que añadir eventos musicales y artísticos a las actividades de su ficticio balneario podría ser una eficientísima estrategia publicitaria para demostrar al mundo exterior que todo iba bien con los judíos. Así que ordenaron a los prisioneros formar un *Freizeitgestaltung*, o Comité de Tiempo Libre, para organizar conciertos, conferencias y otros actos culturales. Hans Krása fue nombrado jefe de la sección musical. En las barracas aparecieron carteles rudimentariamente impresos que anunciaban los programas. Dada la desbordante demanda, se distribuyeron entradas gratis —los prisioneros no tenían dinero—, para controlar la admisión. Incluso animaron a escribir reseñas a los críticos musicales. Entre los prisioneros enviados a Theresienstadt había tantos músicos que durante un corto período podía haber cuatro orquestas sinfónicas tocando simultáneamente. Theresienstadt era el único lugar en la Europa ocupada donde se podía escuchar jazz; los nazis la llamaban «música degenerada» y la habían prohibido no sólo por ser americana, sino por ser interpretada por negros y judíos.

Los artistas se tomaban sus actuaciones tan en serio como si tuviesen una repercusión mundial. No sólo intentaban infundir ánimo a los prisioneros, sino también a sí mismos. Alice dice: «Cuando nuestra situación se tornaba más difícil, intentábamos con más ahínco aún alcanzar la perfección, el sentido en la música. La música era nuestra forma de recordar nuestros yos internos, nuestros valores».

Después de la guerra, Edith Steiner-Kraus se ofendió cuando le preguntaron sobre la calidad de las interpretaciones en Theresienstadt. «Sin duda, está hablando de la precisión del ritmo, la entonación, el equilibrio, la dicción... La naturaleza superficial de su pregunta me molesta terriblemente; como si algo de eso importara. ¿No lo entiende? Habíamos regresado a la fuente de la música… No entiendo por qué la gente, cuando habla de Theresienstadt, menciona esas cuestiones por las que usted pregunta. Usted nunca entenderá, ni por asomo, lo que realmente significaba la música para nosotros como energía de sostén y como un modo de utilizar nuestras habilidades para inspirar, más allá del criticismo, más allá de cualquier evaluación. Nosotros *éramos* música.»

Mientras tocaban, los prisioneros casi podían olvidar su hambre y su entorno. Además del terror a encontrar sus nombres en una lista de deportación al Este, el miedo a morir de hambre, tifus y otras enfermedades se convirtió en una realidad. La medicina estaba prohibida. Cientos de cadáveres eran sacados del recinto a diario. Entre los que fueron trasladados a Auschwitz y otros campos de muerte en el Este y los que perecieron por enfermedades, de los más de 156.000 que atravesaron las puertas de Theresienstadt, sólo el 11 por ciento sobrevivieron hasta la liberación el 8 de mayo de 1945.

Después de la guerra, el novelista Ivan Klíma escribió sobre su primera noche en Theresienstadt «siendo un niño de trece años», sentado solo entre muchos ancianos y enfermos, viendo una representación de la opera de Smetana *La novia vendida*. «No había ni vestuario ni orquesta ni decorados; hacía frío, pero estábamos allí sentados, paralizados por la música. Muchos lloraban. Yo también sentía ganas de llorar. Años después vi una función maravillosamente producida

117

y no fue, en absoluto, tan emocionante como yo la recordaba.»

Los nazis no se dieron cuenta de que el poder de la música para proporcionar bienestar y esperanza a los intérpretes y a sus audiencias era más fuerte que el terror a sus captores. Todas las composiciones escritas en Theresienstadt, y todos los conciertos allí interpretados, se convirtieron en una victoria moral contra el enemigo. La belleza de su civilización se transformó, para muchos prisioneros, en un escudo contra la desesperación. A través de la música, los intérpretes podían aferrarse a sus identidades personales, mientras que su auditorio, transportado durante el concierto fuera del tiempo y el espacio a través de la música, podía sentir que la vida era casi normal.

Antes de las deportaciones, como los nazis habían prohibido las actuaciones a los judíos, los conciertos en Praga se trasladaron a lugares secretos. A finales de 1939, el Orfanato Judío de Praga tuvo esa función. El teatro tenía un aforo para casi ciento cincuenta personas pero, para muchos, era peligroso ser visto entrando o saliendo de allí incluso en la oscuridad. La mayoría de los espectadores dormían en el suelo para evitar ser detenidos. La atmósfera de los conciertos contrastaba totalmente con la realidad cotidiana de restricciones, de humillaciones y de continuos cambios de ordenanzas y detenciones. Alice ofreció varios recitales en el Orfanato. «La audiencia quería escuchar a Beethoven, Schubert, compositores checos y la música de Mendelssohn, que los nazis habían prohibido. No les hacíamos caso, elegimos no hacerles caso. ¿No es asombroso que Hitler intentara destruir toda memoria de Mendelssohn, quien tan sólo un siglo antes había sido reconocido como héroe alemán, por la única razón de haber nacido judío?» Mendelssohn, quien había sido educado como luterano converso, escribió obras basadas en textos cristianos. «¿En qué estarían pensando los camisas pardas cuando quemaron sus partituras, retiraron su estatua y destruyeron sus retratos justo frente al Gewandhaus de Leipzig mientras sir Thomas Beecham dirigía un concierto aquella noche del 10 de noviembre de 1936? La gente aún decía que no podía ir a peor. El régimen de Hitler es una aberración. Lo que nos teníamos que haber preguntado era: si esto es lo que los nazis le hacen a los muertos, ¿qué no le harán a los judíos vivos?»

A petición de Rudi Freudenfeld, el hijo del director del Orfanato, Alice presentó algunos programas para la joven audiencia. Rudi, que era maestro, se había presentado voluntario para ayudar a los muchos niños enviados a Praga desde Polonia y otros países más orientales por sus padres, con la falsa esperanza de que allí estuvieran más seguros. Como a los niños judíos se les había prohibido toda educación, pública y privada, tenían poco en qué ocupar su tiempo.

En 1938, Hans Krása compuso una ópera de un acto basada en un cuento infantil creado por su amigo Adolf Hoffmeister, que nunca había sido puesta en escena. La habían titulado *Brundibár* («El abejorro» en checo), que era el nombre del personaje principal. Ya que por inexplicables razones los nazis no restringieron las actividades artísticas para niños, Krása y Hoffmeister se ofrecieron para ayudar a ocupar el tiempo de los más pequeños representando su ópera. Construir los decorados, confeccionar el vestuario, aprender sus papeles, participar en los ensayos y las representaciones podría ser una fuente de distracción para estos niños, a quienes no se les permitía jugar fuera. Las preparaciones empezaron en seguida, con el fin de realizar una representación en el Orfanato. El ensayo general se realizó ante una pequeña audiencia a principios de 1942. Poco después, los nazis empezaron a deportar a los niños, junto con sus maestros Krása, Hoffmeister y Freudenfeld, al recién establecido campo de concentración en Theresienstadt.

Durante sus primeros meses en ese campo, Alice podía tocar conciertos de música de cámara, pero la mayoría de los músicos de cuerda fueron rápidamente trasladados a Auschwitz. Por extraño que parezca, a pesar de la miseria y el hambre, su rutinaria vida, consistente en trabajar en una fábrica, interpretar, cuidar de Rafi y darle a él y a otros niños clases elementales de piano cuando disponía de algún tiempo libre, la ayudó a no perder nunca la esperanza. Mientras tanto, Hans Krása decidió volver a intentar representar *Brundibár* para que algunos de los miles de niños confinados tuvieran una forma de estar ocupados y entretenidos. Rudi Freudenfeld había pasado oculta al campo su copia de la partitura con acompañamiento de piano, y Krása hizo los arreglos oportunos para que pudiera ser ejecutada por los trece instrumentistas disponibles, un grupo de lo más inusual —incluía violín, chelo, piano, acordeón y trompeta—, formado por una mezcla de músicos viejos y jóvenes. Cabe destacar que para tocar la parte de la trompeta, excepcionalmente difícil, fue elegido un niño danés de diez años, quien superó con éxito el reto planteado.

Alice pensó que tal vez a Rafi le gustara participar en la función y le pidió a Krása que concertara una audición para él. Con su voz clara, su perfecta entonación y su excelente dicción del checo, a Rafi le asignaron un breve papel solista, el del gorrión; con sólo siete años, sería el miembro más joven del reparto.

Brundibár narra una sencilla historia infantil acerca de la lucha entre el bien y el mal. Dos personajes, los hermanos Pepicek y Aninka, tienen a su madre muy enferma. El médico les recomienda que beba leche y les advierte de que, si no lo hace, morirá pronto. Pero los hermanos no tienen dinero para comprarla. Al ver al organillero Brundibár, quien con su música cautiva a la muchedumbre, empiezan a cantar, con la esperanza de que ésta les arroje algunas monedas. Pero el cruel Brundibár los echa de allí. Ya es de noche cuando tres animales —un perro, un gato y un gorrión— acuden en su ayuda. Al día siguiente, convocan a todos los niños del vecindario, con quienes Aninka y Pepicek interpretan una canción. La gente se queda impresionada y les recompensa con algunas monedas, que Brundibár les roba inmediatamente. Todos los niños y animales lo capturan y recuperan su bolsa de dinero. La ópera acaba con los niños cantando una canción con aires de marcha de victoria sobre el vil Brundibár, que representaba a Hitler, y que es expulsado de la ciudad.

Los nazis habían dictado que las óperas tenían que ser representadas sólo en alemán, por lo que resulta asombroso que ignoraran el hecho de que las 55 representaciones de *Brundibár* fueran cantadas en checo ante una audiencia entre las que se encontraban partidarios del nacionalismo. Seguramente, los nazis no se tomaron la molestia de traducir el libreto porque no le concedían ninguna importancia a una obra interpretada por niños judíos. Irónicamente, los nazis capitalizaron la breve ópera para hacer publicidad de sus ideales y logros, mostrándola en una actuación para la Cruz Roja suiza. En el documental propagandístico *El Führer da una ciudad a los judíos*, puede verse a Rafi cantando en la primera fila, al fondo a la izquierda de la pantalla, subido sobre una caja porque era el miembro más pequeño del reparto. A Rafi le encantaba estar en el escenario. Algunas veces, decía: «Cuando sea mayor, seré actor». No pasó inadvertido para Alice el hecho de que, para su hijo y los demás niños que actuaron en *Brundibár*, era una experiencia inmensamente fortalecedora. «Cuando estaban cantando y actuando, los niños podían sumergirse en la magia del teatro e imaginar que estaban de vuelta en casa. Durante esos breves momentos, podían ignorar su hambre y su miedo», puntualiza.

En la actualidad, *Brundibár* es la única ópera de repertorio internacional compuesta para ser interpretada por niños, de hecho está permanentemente en las programaciones de los teatros de todo el mundo y también se representa muy a menudo en las escuelas.

Con el tiempo, los prisioneros fueron encontrando pianos en mejor estado en los sótanos de las casas y en los almacenes, y los trasladaron a salas de mayores dimensiones que el ayuntamiento y las barracas de Magdeburgo, donde era representada *Brundibár* al principio. Y, ocasionalmente, cuando se esperaba la visita al campo de alguna autoridad, los nazis proporcionaban instrumentos algo mejores de sus almacenes de instrumentos confiscados a los judíos. Un habilidoso prisionero se servía de todos los recursos a su alcance para afinar y reparar los pianos. A mediados de 1944, el tiempo de prácticas asignado a Alice se prolongó a dos horas diarias para que pudiera dar más conciertos. Cuando ella acompañaba a un solista, Rafi solía pasar las páginas. Estaba tan atento y era tan preciso que acabó convirtiéndose en pasador de páginas, también, para otros artistas.

Entre el verano de 1943 y la liberación, Alice interpretó más de cien conciertos, en su mayoría recitales que ejecutaba de memoria. En los primeros tiempos en el campo, Leopold y Rafi solían sentarse juntos en primera fila en sus actuaciones. Frecuentemente, su programa incluía una sonata de Beethoven, obras de Chopin o Schumann y varias piezas de compositores checos, que formaban parte de su extenso repertorio.

Viktor Ullmann y otros hacían la crónica de los conciertos de Alice. Cuando llegó a Theresienstadt, a Ullmann le asignaron un trabajo para el Freizeitgestaltung («organización del tiempo libre») como crítico musical y también se hizo cargo de controlar los horarios de práctica de los pianistas. En los conciertos se le podía ver garabateando con un papel y un lápiz. A Ullmann le permitieron mecanografiar sus ensayos en la oficina del Freizeitgestaltung, donde se hacían unas cuantas copias para distribuir entre los artistas. Antes de su deportación a Auschwitz, en 1944, escribió un tributo de agradecimiento a Alice «por las muchas horas hermosas» que le había proporcionado a todos los que la habían escuchado. Este artículo fue encontrado en una colección de veintisiete crónicas de Ullmann después de la guerra.

Alice interpretó varias veces los veinticuatro estudios de Chopin, un ingente y ambicioso reto en las mejores circunstancias. Otro crítico la calificó como «divino espejo de Chopin» y escribió: «Sólo un intérprete puede hacer inmortal en innata perfección la melancolía y dulzura del joven Chopin... la artista Herz-Sommer». Anna Flachová, que en el campo era una muchacha joven, asegura que las actuaciones de Alice inspiraron su vocación por la música. Después de la guerra estudió piano y canto. En la actualidad es profesora de canto en el conservatorio de Brno.

«No éramos competitivos —explica Alice—. Hacíamos todo lo que podíamos por ayudarnos y animarnos los unos a los otros y soñar juntos nuestro futuro.

En 1944 llegó un nuevo pianista que quería tocar el *Concierto italiano* de Bach en uno de nuestros conciertos. Las partituras musicales, por supuesto, estaban prohibidas, y ella no se sabía la pieza de memoria. Edith se ofreció a ayudar. Escribió la pieza completa a mano —y son tres movimientos—, de memoria.» Alice añade su palabra de elogio favorita: «Extraordinario». Sonríe al recordar las *Tres canciones chinas* de Pavel Haas, que compuso en el campo para el barítono Karel Berman. «Haas tuvo el ingenio de escribir música basándose en poesía china de amor en un campo de concentración.» Las canciones tuvieron tal éxito que, después de la guerra, en Praga, a Berman le pedían frecuentemente que las cantara en memoria de Haas.

Alice acompañó algunos de los ensayos y cree que intervino en una o dos representaciones del *Réquiem* de Verdi, que el director Rafael Schächter estaba preparando para la inminente visita de la Cruz Roja Internacional, invitada por Adolf Eichmann. A mediados de 1944, no quedaban suficientes músicos para formar la gran sinfónica que requería el *Réquiem* —ya habían sido trasladados a Auschwitz—. «Schächter tuvo que dirigir el *Réquiem* con el único acompañamiento del piano; una música extremadamente difícil para el pianista», explica Alice. Como el director sólo había podido pasar una copia de la partitura al campo, los cantantes se aprendieron de memoria la música y la letra. Las constantes deportaciones a Auschwitz explican que el coro tuviera que reconstruirse al menos tres veces. Alice nunca olvida mencionar que su amigo Karel Berman cantó los solos de bajo en las quince actuaciones.

Algunos prisioneros criticaban a Schächter por elegir una pieza basada en textos cristianos en lugar de una obra de la liturgia judía, y muchos de los checos pensaban que tenía que haber optado por una obra de un compositor checo. «Schächter y sus cantantes escogieron a Verdi por su modernidad y universalidad», explica Alice. Finalmente, la obra fue ejecutada ante los representantes de la Cruz Roja Internacional, el 23 de junio de 1944.

El 28 de octubre partió de Theresienstadt el último convoy, con un cargamento de dos mil judíos, con destino a Auschwitz. Llegó a tiempo para que la mayoría de sus pasajeros fuesen asesinados el 30 de octubre en las cámaras de gas, que fueron poco tiempo después clausuradas por orden de Himmler. Amargamente consciente de que estaban perdiendo la guerra, estaba ansioso por destruir las pruebas. En noviembre de 1944, la mayoría de los amigos y colegas de Alice, entre los que estaban el asistente del director de conciertos de la Filarmónica Checa, el afable Egon Ledeč, el director Rafael Schächter y los compositores Pavel Haas, Viktor Ullmann, Hans Krása y Gideon Klein, ya habían perecido. Alice y su amiga Edith Steiner-Kraus eran las únicas dos pianistas prominentes en el campo. No obstante, durante los últimos meses de la guerra, los judíos checos que se habían librado de la deportación por estar casados con arios, fueron recluidos en Theresienstadt. El hermano de Alice, Paul, llegó en uno de esos grupos con su violín. Como cuando eran niños, Alice y Paul interpretaron sonatas de Beethoven para violín y piano.

Alice cree que, a pesar de las condiciones en el campo y de los maltrechos instrumentos, emocionalmente, sus mejores interpretaciones de las sonatas de Beethoven y Schubert pueden haber sido las de Theresienstadt. La música que resonaba en su mente y la que surgía bajo sus dedos era su única posesión. Preparaba orgullosa y cuidadosamente cada programa para que su auditorio de prisioneros pudiera experimentar el esplendor y la riqueza de la vida que les había sido denegada en el campo. «No éramos héroes —señala Alice—. Improvisábamos. Nos las apañábamos para seguir haciendo, para seguir trabajando con normalidad. No practicar era impensable.»

En esa extraña e improvisada sala de conciertos, Alice tocó para algunos de los más distinguidos oyentes. Aferrándose a su propia humanidad, el buen amigo de Alice, Rabbi Leo Baeck y el doctor Viktor Frankl, su amigo y colega, siempre se sentaban cerca del escenario. Personas que en otras circunstancias sólo habrían escuchado sus interpretaciones en uno de los grandes teatros de Europa, se sentaban agradecidas entre una multitud de niños y ciudadanos corrientes. Entre ellas estaban la tía de Henry Kissinger, Minna, la hermana de Sigmund Freud, Adolfine, la hermana de Franz Kafka, Ottla, y casi todo el mundillo musical checo.

Alice asevera: «La música era nuestro sustento. Eso lo puedo asegurar. Quizá, cuando disponemos de algo espiritual, no necesitamos comida. La música era vida. No nos rendimos, no podíamos, nunca lo habríamos hecho».

9

EL FÜHRER DA UNA CIUDAD
A LOS JUDÍOS

Alice mueve la cabeza cuando recuerda la primavera de 1944. «Los nazis anunciaron lo que llamaron Proyecto de embellecimiento de Theresienstadt, preparándose para la visita de inspección de la Cruz Roja, el 23 de junio. Nos dijeron que todos nosotros tendríamos que trabajar más para estar orgullosos de nuestra ciudad. Nosotros [los prisioneros] nos reímos. Sabíamos que se trataba de un truco.»

La Cruz Roja Internacional llevaba bastante tiempo presionando a los nazis para que les permitieran hacer una inspección en Theresienstadt. Les habían informado de que los prisioneros no eran tan bien tratados como decían éstos. Finalmente, los nazis accedieron a recibir la visita de tres representantes, uno de la Cruz Roja danesa y dos de la Cruz Roja suiza. Estaría totalmente controlada, dado que a los representantes se les prohibiría recorrer por su cuenta las calles y hablar directamente con los prisioneros. Las SS escoltarían a sus invitados en todo momento, mostrándoles sólo edificios especialmente preseleccionados y escenarios preparados.

Aunque el ejército alemán estaba retirándose en todos los frentes, la guerra secreta contra los judíos iba acelerándose. Los diseñadores de la Solución Final se dedicaron a terminar lo que habían comenzado: la destrucción total de los judíos. Aun así, los altos mandos, ansiosos por proteger su propia piel, querían engañar a Occidente sobre sus intenciones respecto al «problema judío». Pensaron que seguramente podrían engañar a la Cruz Roja durante su visita de un día al «balneario», pero creían que necesitaban una campaña de propaganda mayor aún. Además del duro trabajo de los prisioneros en el Proyecto de embellecimiento, los nazis encontraron su arma de propaganda en Kurt Gerron, uno de los más famosos actores y directores de escena alemanes. De origen judío, fue coaccionado para que hiciera una película en la que mostrara las condiciones humanas de Theresienstadt. Los altos mandos le prometieron que él y su esposa no serían enviados a Auschwitz.

Gerron tenía un papel principal en la obra de Bertolt Brecht, *Ópera de cuatro cuartos* (musicada por Weill), con su inolvidable interpretación de la canción de apertura, «Mack, *el Navaja*», en su estreno en Berlín, en 1928. Se convirtió en una estrella de cine después de su interpretación del papel de Kiepert, el mago, en la primera película sonora importante de Alemania, *El ángel azul*, con Marlene Dietrich. Dada su fama, ya prisionero en Theresienstadt, le ordenaron hacer una película para representar las mentiras nazis de la «buena vida» que el Führer les proporcionaba a los judíos en el pueblo-balneario. Los oficiales de las SS estuvieron en el plató todo el tiempo, ladrándole órdenes. Querían una escena teatral de judíos riendo. Sin embargo, los prisioneros no reían, no podían reír. Bajo la creciente presión de las SS, aterrorizado y sudoroso, Gerron rogó a los actores que se rieran ante la cámara y provocó sus carcajadas haciendo ostentación de su inmensa y tambaleante barriga. Kurt Gerron se ganó así la dudosa distinción de haber dirigido la única película realizada dentro de un campo de concentración en activo.

Mientras él se preparaba para rodar, los aspectos que conformarían el monumental engaño nazi iban conformándose rápidamente. Los trabajadores judíos esclavos fueron obligados a pintar los interiores y exteriores de los edificios que serían mostrados. Y con el fin de evitar dar la imagen de superpoblación, la Gestapo se apresuró a enviar a Auschwitz para que fueran ejecutados a 7.503 prisioneros ancianos y enfermos, entre el 16 y el 18 de mayo de 1944. En uno de los edificios de mujeres fueron retiradas las terceras literas. Se instalaron cortinas en las ventanas y dejaron libros sobre unas mesas provisionales para crear un ambiente hogareño. Se plantaron árboles y flores, se pusieron señales en alemán en calles y edificios. Incluso se abrió un banco que distribuía billetes falsos y sin ningún valor de Theresienstadt. De la nada, surgió una calle principal con un salón de belleza y una cafetería, una panadería, con un gran surtido de productos, incluyendo unos deliciosos pastelitos y un pastel de bodas, que los famélicos prisioneros tenían prohibido tocar. Las calles por las que iban a pasar los oficiales de la Cruz Roja habían sido fregadas a mano con cepillos, agua y jabón por prisioneros, de rodillas. Todo era una farsa, un falso decorado de cine, que sería desmontado en cuanto acabase la película y los representantes de la Cruz Roja se hubiesen marchado.

Cuando se extendió el rumor de la película de propaganda nazi, muchos prisioneros aconsejaron a Gerron que se negase a cooperar. Aunque él protestó, albergaba la esperanza de que los nazis cumplieran con la palabra dada y no lo deportaran a Auschwitz (tampoco a su esposa) y de que sus cuidadosamente manipuladas imágenes pudieran transmitir la verdad detrás de la farsa. Además, su deprimido humor mejoró cuando pudo ejercer de nuevo su profesión. Inmediatamente, escribió un guión, cuyo original, aprobado por los nazis, fue encontrado en Theresienstadt después de la guerra.

Gerron insistió en contratar a uno de los mejores operadores de cámara, Ivan Fric, y su equipo de Praga. Los nazis accedieron, aunque, probablemente, temieran que el verdadero motivo de su empresa corriera peligro de quedar expuesta al permitir el acceso al campo a civiles checos. El director, no obstante, alegó que necesitaba personal experimentado para hacer la película que querían.

Los más de treinta mil prisioneros que quedaban en Theresienstadt participaron de algún modo en la película. Muchos de los que aparecían en ella, incluso fugazmente, tenían la falsa esperanza de que, cooperando, se salvarían. Los trabajos de maquilladores y peluqueros de los artistas fueron asignados a prisioneros. A la mayoría de los reclusos, aunque tuvieran que hacer de simples espectadores en conciertos o partidos de fútbol, les proporcionaron una dignísima indumentaria extraída de los almacenes de bienes confiscados a los muertos. Sin embargo, no había zapatos para todos los miembros de la orquesta: los habían enviado a la Gran Alemania, para ser repartidos entre los civiles que lo habían perdido todo en los bombardeos. Gerron resolvió el problema colocando macetas de flores alrededor del borde del escenario, para ocultar los pies de los músicos.

Aunque la mayor parte de la película fue rodada en Theresienstadt entre agosto y septiembre, parece que Gerron o bien rodó parte de la visita de la Cruz Roja en junio, o bien insertó imágenes tomadas por los nazis aquel día. Su película incluía la cuidadosamente ensayada actuación de los niños judíos jugando en la calle después de una fiesta. Un nazi uniformado atrapa una pelota y se la da a un niño con una amistosa palmadita en la cabeza. Unas semanas después, ese mismo niño fue asesinado en Auschwitz.

Mientras que el representante de la Cruz Roja danesa no se dejaba engañar por la pantomima, la delegación suiza se la creyó a pies juntillas. En su informe, los suizos se mostraban de acuerdo con los nazis en que los judíos estaban relativamente bien, comparados con los civiles alemanes que vivían en ciudades bombardeadas.

El rey de Dinamarca, Christian X, reaccionó de forma diferente: solicitó que los 466 judíos daneses de Theresienstadt fuesen liberados y devueltos sanos y salvos a su país. Los nazis accedieron, y un convoy de autobuses blancos y ambulancias cruzó la línea del frente con la intención de rescatar a todos los prisioneros daneses. No obstante, fue demasiado tarde para los cincuenta daneses que ya habían muerto en el campo. Paul Sanford, el niño huérfano danés que había tocado la trompeta en la orquesta en la representación de *Brundibár*, fue uno de los prisioneros salvados por la exitosa intervención de su nación.

Incluso después de que los oficiales de la Cruz Roja se hubieran marchado, durante el verano de 1944 y hasta el final del rodaje, Gerron estuvo en la cuerda floja, intentando satisfacer las demandas de los nazis y, al mismo tiempo, exponer la verdad. Los planos generales mostraban a una población bien vestida, pero los cortos lograron captar los rostros deprimidos y sin vida de los confinados. En una escena en la que se veía al público escuchando *Estudio para cuerda*, que Pavel Haas había escrito para la ocasión y que dirigió Karel Ančerl, quien sobrevivió y acabó siendo director de la Orquesta Sinfónica de Toronto, Gerron captó los inquietantes ojos y la desesperación de los actores. Uno de los más ilustres prisioneros de Theresienstadt, el amigo de Alice, Leo Baeck, salía en una escena de una conferencia. La música de fondo era una doliente melodía del lento movimiento de Mendelssohn para trío de piano, violín y chelo, en re menor, que había sido prohibida por los nazis en toda la Europa ocupada. La película incluía una escena de una hermosa muchacha, que se volvía hacia la cámara con una artificiosa sonrisa, regando un jardín. Había miradas ausentes en los semblantes de los ancianos que se sentaban en los «bancos del parque», supuestamente disfrutando de la vista, y miradas aterrorizadas de los niños más pequeños, que montaban ansiosamente a caballito, como si estuvieran intentando galopar hasta los brazos de sus madres, que ya habían desaparecido. En un encuadre del público de *Brundibár*, Gerron se centra en un niño flaco que no llevaba camisa. E incluso en la feliz escena final de la ópera, los más pequeños parecían asustados y desesperanzados mientras cantaban mecánicamente los coros. La verdad exudaba por la película de Gerron para todo aquel que tenía el coraje de verla.

Tan pronto como Gerron entregó la película, un tren sellado, siguiendo órdenes del ministro de Propaganda del Reich, Joshep Goebbels, partió de Theresienstadt con un cargamento de más de dos mil prisioneros que habían participado en la producción. Cuando el convoy se detuvo en Auschwitz, se abrieron las puertas y se oyó el nombre de Gerron a través de los megáfonos.

«Kurt Gerron, *¡heraus!*» («¡salga fuera!»). Los demás prisioneros vieron al actor y director caminar desde el vagón de ganado hasta los guardias de las SS. Según los testigos, no miró ni a derecha ni a izquierda. Fue

135

separado para «tratamiento especial», por orden del cuartel general de la Gestapo, para asegurarse de que no hablaría. Con la cabeza bien alta y sin mirar atrás, Gerron fue conducido directamente a la cámara de gas. Tenía cuarenta y siete años. El solista de bajo Karel Berman fue uno de los pocos pasajeros de ese tren que, milagrosamente, sobrevivieron a Auschwitz.

La película de Gerron se editó en Praga, y se envió una copia a Berlín, donde fue destruida antes de que Alemania se rindiera. No se sabría hasta que, a finales de 1945, el director de fotografía Ivan Fric, a quien le habían ocultado muchas de las mortales verdades de Theresienstadt, descubriera lo que le había ocurrido a Gerron y a muchos de los checos que aparecían en la película.

Después de la guerra, fragmentos de la película que Fric rodó para Gerron, que incluían escenas de *Brundibár* y la pieza de Haas para orquesta de cuerda, se encontraron en una productora checa. Los investigadores continúan descubriendo material adicional del filme en archivos, así que, algún día, puede que la mayor parte de la película de Gerron sea reconstruida con los guiones existentes.

Hoy Alice se pregunta: «¿Cómo puede alguien ver las caras en la película sin intuir la verdad? —Y, contestándose a su propia pregunta, añade—: Todos vemos sólo aquello que queremos ver». En palabras de un valiente prisionero que se las apaña para hablar con uno de los visitantes de la Cruz Roja: «Abra los ojos. Vea lo que no enseñan. Mire».

10
INSTANTÁNEAS

Alice vive entre las pocas fotografías y recuerdos que le quedan. Su humilde apartamento de una habitación es una especie de capullo que envuelve sus memorias. Su mobiliario es una colección de objetos desiguales que parecen haber sido descartados tras sucesivas mudanzas, desde la silla tapizada en terciopelo verde hasta la mesa de metal. Su antiguo piano vertical Steinway ocupa el centro de la pared más grande. Sin diseño, cada visible recuerdo se entrelaza con otro, invocando un retrato de la vida de Alice.

Cuando uno entra por primera vez al apartamento estudio, un gran retrato de un apuesto hombre bastante joven con un parche en el ojo capta la atención. Es una fotografía del más querido profesor de piano de Alice, Václav Štěpán. Había perdido su ojo izquierdo en un accidente en el ejército durante la primera guerra mundial, pero de ningún modo dicha lesión fue obstáculo para desarrollar su talento artístico: Štěpán podía ofrecer largas explicaciones sobre las ventajas de la visión limitada para los músicos. Era considerado como uno de los mejores y más osados pianistas, y muy solicitado tanto como profesor de piano como de composición.

Štěpán fue una de las primeras personas que Alice intentó encontrar cuando regresó a Praga, en 1945, y se le rompió el corazón al enterarse de que había muerto de cáncer poco antes de la liberación de la ciudad. El profesor Štěpán tuvo tal influencia, tanto musical como personal, en ella que incluso le puso su nombre a su hijo. Ello explica que la viuda de Štěpán le regalara a Alice una fotografía enmarcada como recuerdo.

Además del retrato de Štěpán, hay fotos de Rafi por todas partes en la casa de Alice. La fotografía sobre el piano es de Rafi con Pau Casals y fue tomada en el verano de 1965, en el aclamado Festival de Música de Marlboro. Rafi tocó en una interpretación de la *Suite n° 2 en sí menor de* Bach dirigida por el chelista catalán. Dos semanas después, Rafi fue el chelista del *Quinteto* de Boccherini; en esa ocasión, Casals fue uno de sus espectadores. Alice estaba más emocionada que su hijo, en esos momentos en Estados Unidos, cuando le habló en una carta de los conciertos, dado que entendía lo perdurable que podía ser el tiempo compartido con el gran Casals. Cuando le contestó, le recomendó que tomase notas detalladamente cada día. Lo instaba a recordar cada palabra que el maestro había dicho.

Las semanas que Rafi pasó en Marlboro, trabajando con los mejores músicos del planeta rodeado por las boscosas Montañas Verdes de Vermont, fueron inolvidables. Fundado por Rudolf Serkin para promover los conciertos de música de cámara en su nuevo país, el festival era singularmente democrático en el sentido de que los artistas jóvenes tocaban con los consagrados y famosos. Serkin, que había nacido en Checoslovaquia en 1903, el mismo año que Alice, ya era un pianista mundialmente célebre; él y varios miembros de su familia tuvieron la fortuna de escapar a Estados Unidos en 1939. Rafi nunca le dijo a Serkin que era un superviviente del Holocausto. Para el hijo de Alice, la experiencia era básicamente musical. El violinista Jaime Laredo recuerda vívidamente a Rafi no sólo como un excelente pianista, sino como un entusiasta joven con un gran sentido del humor.

Un hanukkah menorah* sobresale entre las fotografías sobre el piano de Alice como un guardia de honor. Es el único símbolo del judaísmo que Geneviève, la viuda de Rafi, se trajo de Israel cuando inmigró. Al encender con alegría las velas por las ocho noches de Hanukkah —la propia palabra significa «dedicación»—, Alice explica que lo hace por su hijo y sus nietos, tal como hacía su familia cuando ella era pequeña, en Praga. En la pared contigua al piano hay un retrato de un cuarteto de cuerda, dos de cuyos miembros son de la familia de Alice. En esa fotografía de antes de la guerra, su hermano Paul está tocando el primer violín y su marido, Leopold, el segundo. Según Alice, era un cuarteto amateur de primera clase cuyos ensayos, los martes por la noche, no podían perderse.

* Candelabro hebreo de nueve brazos. (*N. del t.*)

Hay un montón de viejas partituras musicales sobre el gastado terciopelo verde del banco del piano. Más música apilada sobre el suelo y, abierta sobre el teclado del piano, una extensa partitura con tapas duras cuyas frágiles páginas amarillentas muestran roturas y desgarros por el incesante uso. Se trata de la parte para piano de la sonata *Primavera* para violín y piano de Beethoven. Alice la tocó muchas veces con violinistas en conciertos europeos antes de la guerra; en Theresienstadt la interpretó con violinistas que habían sido miembros de la Orquesta Filarmónica Checa; y en Israel también la tocó a menudo. En Londres, Alice aún retorna repetidamente a esta obra. «Beethoven es un milagro —dice ella—. Beethoven no es sólo melodía, es completo, profundo; intenso.» Explica que en la pieza el violín y el piano establecen un diálogo democrático. El tema va hacia atrás y adelante, entrelazando los instrumentos en respetuosa e íntima conversación. Ambos instrumentos desempeñan un papel equilibrado. Ni sobresalen, ni puede existir el uno sin el otro. Alice señala que Beethoven no tituló la obra *Primavera*, el sobrenombre se hizo popular poco después de que la sonata fuese publicada, probablemente, por sus luminosas y suaves melodías.

Sobre la cama individual de Alice hay dos pequeños pero coloridos cuadros al óleo de los montes de Jerusalén, un recuerdo de la tierra que le ofreció refugio y un nuevo comienzo, y donde pasó sus años más felices. No hay nada en la habitación que recuerde sus raíces checas; ella se siente poco ligada a la ciudad de su infancia. Todo ha desaparecido, su casa, su escuela y su familia.

En la pared, frente a su cama, hay un cuadro sin marco de su hijo con su chelo. Edna, una de las estudiantes de piano de Alice en Jerusalén que tenía también dotes para la pintura, supo otorgar a la obra el realismo propio de una fotografía. El semblante pensativo de Rafi es la primera imagen que Alice ve por la mañana y la última antes de cerrar los ojos por la noche. Ella dice que la pintura la acerca tanto a su hijo que casi puede oír el sonido de su chelo. Edna voló a Londres desde Israel para regalarle el retrato a Alice por su centésimo cumpleaños.

Al observar más de cerca la habitación se ve claramente que los recuerdos de Rafi dominan el espacio. Colocadas bajo la televisión están las cintas de vídeo de Rafi tocando su chelo o dirigiendo. E incluso el pequeño ventilador blanco que descansa sobre los libros es un recuerdo de su hijo: se lo regaló para que le ayudara a hacer frente a los días de calor. Alice dice que casi todas las semanas recibía un regalo de su hijo. Colgando del respaldo de su silla hay bufandas y un chal que Rafi le regaló para los días más fríos.

Unos cuantos libros de música, junto a los libros de Franz Kafka y El *mundo de ayer*, del escritor austriaco Stefan Zweig, están muy a mano sobre la pequeña mesilla de noche de Alice. El libro de Zweig, que ella ha leído y releído incontables veces, fue un regalo de su querido Michal Mareš, en 1945. Durante muchos años, tanto en Israel como en Londres, El *mundo de*

ayer ha sido su fiel compañero. Publicado original-
mente en alemán, en Suecia, en 1943, fue prohibido en
todos los países ocupados por los nazis porque su autor era judío. Al principio, para Alice, el libro era una
conexión con su pasado, un hermoso retrato del mundo de su infancia, en el que la música, la literatura y la
vida intelectual eran reverenciadas. Siendo una mujer
joven, Alice conoció a Zweig, que estaba conectado a
su círculo a través de su amistad con Gustav Mahler y
Richard Strauss.

El precoz retrato de Zweig del ascenso al poder de
Hitler intrigaba a Alice. Se preguntaba a sí misma una
y otra vez: ¿cómo es posible que la visión de Zweig
fuese tan ajustada cuando la mayor parte del mundo
le prestaba tan poca atención? «Nada engañó tanto a
los intelectuales alemanes como la falta de educación
de Hitler para creer que todavía era tan sólo el agita-
dor de tabernas que nunca podría convertirse en un
peligro real —escribió Zweig—. Luego vino el incen-
dio del Reichstag, desapareció el Parlamento, Goering
soltó sus hordas y, de un solo golpe, toda justicia en
Alemania fue aplastada… El nacionalsocialismo con
su técnica de engaño carente de escrúpulos tuvo cuidado de no descubrir la plena extensión de sus preten-
siones hasta que el mundo se hubiese acostumbrado.
Por eso, seguían su método cuidadosamente: sólo una
pequeña dosis para empezar y luego una breve pausa… para ver si la conciencia del mundo digeriría esta
dosis… La dosis fue aumentando progresivamente
hasta que toda Europa pereció.» Alice recalca: «Todo el

mundo utilizaba una frase tópica: "Esto no puede durar mucho…". Era el autoengaño al que recurríamos resistiéndonos a abandonar nuestra forma de vida». Hablando de las historias de Zweig en aquellos tiempos, Alice añade: «*Ja*, el mundo no quiso ver la verdad hasta que fue demasiado tarde. Y deberíamos habernos dado cuenta».

Cuando, más tarde, Alice se enteró de lo ocurrido al más célebre escritor de Austria, *El mundo de ayer* adquirió un significado aún mayor para ella. Zweig, pacifista, se resistía a abandonar su hogar en Viena, aunque la nación se había convertido en su enemigo declarado. Después de huir para salvar su vida, le concedieron la residencia permanente en Inglaterra y pasó algún tiempo en Estados Unidos antes de decidir establecerse en Petrópolis, Brasil, donde vivió sus últimos cinco meses de vida. Cuando los nazis invadieron la Unión Soviética, en 1941, Zweig creía que había caído un oscuro telón y que Hitler y el reino del mal conquistarían el mundo que conocía. Sin esperanza, incapaz de adaptarse a un nuevo país, Zweig tomó la decisión consciente de acabar con su vida. Alice habría deseado que hubiese sido más paciente, que no hubiese caído en la desesperación total. «Era tan sabio, podía haber ofrecido mucho más», se lamenta. Esos pensamientos la ayudaban a fortalecer su resolución mientras continuaba afrontando sus propios retos. Alice aventura que si Zweig hubiese sido mayor, quizá habría encontrado más esperanza. Con un movimiento de cabeza, murmura: «Sólo nos damos cuenta de lo bella que es la vida cuando somos muy viejos».

En una estantería, Alice guarda dos cajas de zapatos llenas de sus recuerdos. La primera contiene las fotografías familiares que le quedan: la foto de su boda tomada a las puertas del Ayuntamiento de Praga, una foto de su hermano Paul, varias instantáneas de ella antes de la guerra, y un pequeño retrato en blanco y negro de su madre de joven. En la caja también hay una pequeña placa que le concedió a Alice el gobierno de Israel; no recuerda ni la ocasión ni el motivo de la condecoración. Un hombre con barba en una pequeña fotografía, probablemente tomada por su madre, resulta ser Sigmund Freud. Freud había nacido en Moravia y había conocido a Sofie a través de la mutua amistad de sus familias en Viena. A finales de la década de los años veinte, cuando Alice y su madre visitaron a un pariente en Viena, que entonces vivía cerca de la oficina de Freud en la calle Berggasse, se encontraron con él. Los niños, cuando veían a Freud en sus paseos, solían correr hacia él, y el famoso doctor siempre se detenía e intercambiaba algunas palabras con ellos. La segunda caja contiene dos álbumes de recortes de 10 x 15 centímetros, que han sobrevivido a la guerra y a los dos cambios de país de Alice. La mayoría de las páginas están cubiertas con pequeños recortes de periódicos checos en alemán, que ella ha pegado cuidadosamente en las páginas, de reseñas de sus conciertos.

Alice admite que, a lo largo de los años, ha ido regalando muchos recuerdos y que casi todo lo que tenía antes de la guerra se ha perdido. No obstante, se siente agradecida por las pocas fotografías que tiene a su alrededor. Y la constante en su vida: su piano Steinway. «Me hacen feliz. Cada día. ¿Qué se ha perdido? Algunas veces la gente me trae una pequeña fotografía o una carta, un sobre… —Hace una pausa—. No importa. Mis recuerdos siempre están conmigo. Mi vida está en mi mente.»

Recordando sus estudios de los antiguos filósofos griegos, Alice cita: «La memoria es el escriba del alma». Dándose golpecitos con el dedo corazón de su mano derecha en la frente, susurra: «Aquí».

VEJEZ

«¡No es tan malo! —afirma Alice, con contundencia al referirse a su avanzada edad—. Cuando viene a visitarme gente mucho más joven que yo quieren contarme lo mal que les van las cosas, sus problemas de dinero, sus dolores y penas. Y lo peor de todo es que me dicen lo terrible que es la vejez. "Es tan terrible, tan terrible…" Y yo les sorprendo al no estar de acuerdo. "No es tan terrible. Y yo soy mayor que tú. En lugar de empecinarse en los problemas, ¿por qué no fijarse en los regalos de la vida?" Cada día es un regalo. Hermoso.»

Ella dice que el hecho de tener muchos años es irrelevante. Y más insistentemente, asegura: «Mi mente es joven. Mis emociones y mi imaginación todavía son jóvenes. —Y con una pícara sonrisa, añade—: Aunque claro, tengo algo de experiencia».

Alice se vuelve aún más animada en presencia de hombres jóvenes; disfruta admitiendo: «No puedes ver mi verdadero yo dentro de mi arrugada piel, la vida de mis emociones. Tú solo ves la cara exterior de una mujer muy vieja».

Cuando un equipo de la televisión checa fue a su casa de Londres para entrevistarla, en verano de 2006, Alice iba pulcramente vestida con una falda de tejido de punto azul pálido y un jersey de manga corta a conjunto. Como siempre, llevaba zapatillas de lona. Ese día, las había elegido blancas. El director y el jefe de cámara, ambos a punto de entrar en la treintena, medían más de un metro ochenta y eran apuestos. Les saludó en checo, riendo como una niña, e insistió en que tomaran el té y las pastas que ya había preparado; luego, se excusó rápidamente. Diez minutos más tarde, reapareció una vivaz Alice con unas zapatillas rojas, los labios pintados, y un collar. Después, cuando le preguntaron qué era lo más importante en el mundo, respondió con la máxima seriedad: «El amor, el amor, por supuesto. —A continuación, tras proferir una carcajada, negando con el dedo en dirección al director, añadió—: Pero no me refiero al sexo».

Alice siempre está dispuesta para algo novedoso: un pensamiento nuevo, un libro nuevo, una idea nueva, gente nueva… Su curiosidad es insaciable. Bien pasada la edad en la que muchos empiezan a evitar todo lo diferente o desconocido, ella le da la bienvenida a casi todas las innovaciones. Hace poco, le pidió a Jaqueline Danson su iPhone para probarlo. Jackie, la nieta de una amiga checa, observaba fascinada cómo los viejos dedos de Alice, con ciento siete años, manipulaban el teclado. Y cuando Alice se acuesta en la cama, ejercita su mente tocando mentalmente piezas completas. Cuando está sentada y hablando, sus dedos se mueven sin cesar. Cuando le preguntaron qué estaba tocando, ella contestó en broma: «Bach, por supuesto».

Aunque Alice no tiene deseos de nada materialista y probablemente no se haya comprado ropa nueva en décadas, se interesa y está al día de la moda. Se fija en lo que llevan los demás, toca la tela y ofrece cumplidos. Y su actitud en el sexo no es poco asombrosa considerando su edad y pasado. Su antigua alumna Ester Maron le presentó recientemente a su hija Michal, que debe de estar cerca de la treintena. Al enterarse de que la joven era chelista en la Haifa Symphony, Alice le preguntó si había un hombre en su vida. Michal respondió que acababa de romper con su último novio. «Bien —dijo Alice—. Sigue así. Practica el sexo, diviértete, ten alguien en tu vida, pero no te ates en matrimonio. Valora tu libertad y tu música.» De hecho, siempre que Alice se entera de que una mujer soltera joven o mayor y tiene un amante, le da consejos no solicitados: «Oh, eso está bien, pero asegúrate de que viva en su propia casa. Sólo deberías verlo cuando te convenga. Mantén tu libertad, cuida tu carrera, tu vida». Spinoza parece presente como su sombra, susurrándole al oído a Alice, como su guía. Su filósofo favorito escribió que la pasión sexual normalmente conduce a la infelicidad. Él sentía que un amor duradero tiene que estar basado más en la razón y la amistad que en las pasiones descontroladas.

En la actualidad, Alice sigue la profunda directiva del neerlandés: «No llores; no te indignes. Comprende». Ella cree que la comprensión es el pilar de todo aprendizaje y el cimiento esencial para la paz; en nuestros corazones, nuestras ciudades y nuestro mundo. Antes de que la gente se apresure a enfrentarse a su vecino, antes de que el soldado se apresure a luchar, «¿no podemos intentar primero comprendernos los unos a los otros? —pregunta ella—. ¿Desde cuándo hacer enemigos ha sido una solución?». Al haber sido víctima y espectadora de tantas guerras, Alice no es nada ingenua cuando habla de la comprensión. Ella se da cuenta de que para comprender el punto de vista de alguien no hace falta que te guste o que estés de acuerdo. Enfatiza: «No te quedes ahí llorando. Comprende».

Para la Alice filósofa, Spinoza confirmaba sus pensamientos en sus muchos volúmenes sobre la razón. Mientras afronta los, inevitablemente, últimos años de su vida, no malgasta su apreciado tiempo con miedo a la muerte y preocupación por lo desconocido. La muerte, para Alice, no es una desconocida. De nuevo, acepta el razonamiento de Spinoza de que la muerte y la vida forman parte del mismo infinito Dios. Según Alice, «procedemos y retornamos a la infinidad». Y añade que cree que «el alma sigue viviendo sin el cuerpo». Cuando, frecuentemente, escucha la segunda sinfonía de Mahler, Alice encuentra consuelo en la canción para contralto solista, «Urlicht» («luz primordial»), al principio del cuarto movimiento. Quizá para Alice esta canción, con sus palabras iniciales: —«Procedo de Dios y retornaré a Dios»— ha sido siempre su canción espiritual. Citando con soltura a Spinoza, dice: «Las cosas son como deben ser. Yo todavía estoy aquí, nunca demasiado vieja mientras respire, para asombrarme, para aprender e incluso para enseñar. Curiosidad, interés por los demás y, sobre todo, música. Eso es la vida».

11
EL HOMBRE EN LA CABINA DE CRISTAL

En Jerusalén, una mañana de abril de 1961, caminando del brazo de su amiga Edith Steiner-Kraus, la pianista que la había acompañado en muchas de las interpretaciones del *Réquiem* de Verdi en Theresienstadt, Alice entró en la sala donde se iniciaba el proceso contra el teniente coronel nazi de las SS, Adolf Eichmann. Ambas mujeres tomaron sus asientos asignados. Alice nunca había estado en un tribunal de justicia.

El fiscal jefe en el juicio, Gideon Hausner, fiscal general del Estado de Israel, la había invitado a asistir al proceso. Ella y Hausner se conocieron a través de su hija, que era una de sus alumnas más jóvenes. Después de sus lecciones, Hausner, que era un notable pianista, a menudo se sentaba con Alice y tocaban duetos por diversión. Aunque no era abogado criminalista, Hausner redactó la acusación contra Eichmann, inculpándole de múltiples de crímenes de guerra y contra la humanidad. Golda Meir, entonces ministra de Relaciones Exteriores de Israel, explicó que el juicio «no era, en ningún sentido, una cuestión de revancha… pero los que quedaron vivos, y las generaciones venideras, se merecen, aunque sólo sea, que el mundo se entere, con todos sus terribles detalles, de lo que se les había hecho a los judíos de Europa y quién se lo había hecho». El premio Nobel de la Paz Elie Wiesel, siendo un joven periodista, cubrió el proceso para el periódico judío *The Forward*. Más tarde escribió en sus *Memorias*: «Si al menos el acusado pudiese ser declarado irrevocablemente inhumano, expulsado de la especie humana… Me irritaba pensar en Eichmann como humano».

En Beit Ha'am, un gran auditorio transformado temporalmente en tribunal de justicia para este singular proceso, ante tres jueces que la presidían, Eichmann se sentó en una cabina de cristal a prueba de balas construida especialmente por los israelíes como medida de protección de las airadas masas. Fue el primer juicio que se emitió por televisión en todo el mundo.

El Obersturmbannführer Adolf Eichmann era tres años más joven que Alice. Su familia era una familia normal de clase media, que asistía a la iglesia luterana cada domingo. Aunque nunca había sido más que un estudiante mediocre y al final había abandonado la universidad, Eichmann sobresalía por su excepcional obediencia a la autoridad. Hipnotizado por el fervor nacionalista de sus miembros, entró en el Partido Nazi en 1932, y cuando perdió su servil empleo en una filial de Standard Oil, se alistó en las temidas y poderosas SS. Era un hombre en el que podían confiar. Eichmann se casó con una mujer alemana y vivió varios años en Praga, mientras iba ascendiendo rápidamente desde sargento a teniente coronel, rango con el que se puso al frente de la Oficina Central de Emigración Judía. En 1939 estaba de regreso en Berlín, donde fue nombrado jefe de la sección IV B4 de la Gestapo, la sección de asuntos judíos. Las SS descubrieron su talento para la organización y, más importante, su ambición de conseguir el éxito en cualquier tarea. En 1942, a Eichmann le dieron un nuevo puesto como supervisor de lo que se denominaba «reinstalación», dentro del plan de la Solución final para la cuestión judía. Controlaba todos los trenes y dirigía la logística de las deportaciones en masa de los judíos de toda Europa a los campos de muerte de Hitler. Planificó la incautación y disposición de las propiedades judías para asegurarse de que su oficina obtuviera los beneficios. Eichmann era quien decidía cuántos, en qué orden, en qué países y cuándo serían asesinados los judíos.

Eichmann también fue personalmente responsable de la instauración de Theresienstadt como estación de paso para los judíos que, eficientemente, enviaría a Auschwitz y otros campos de muerte. Realizó más de una inspección de su campo modelo. El hermano de Alice, Paul, quien estaba en la pequeña orquesta a la que se le ordenó tocar para el alto mando nazi, vio a Eichmann durante su última visita, a finales de 1944.

Los servicios de inteligencia israelíes capturaron a Eichmann quince años después de la guerra. Había huido de Alemania con la ayuda de oficiales de la Iglesia católica y había estado viviendo en Buenos Aires con el nombre falso de Ricardo Klement, con su esposa, Vera, y sus cuatro hijos. Un agente del Mossad llamado Peter Malkin estuvo vigilando sus movimientos durante varios días antes de su captura. Al verlo jugar con su hijo menor, Malkin encontró la escena especialmente perturbadora: era muy corriente. Después de que Eichmann fuese detenido al bajar de un autobús, el agente pasó horas hablando con él. Malkin había perdido a sus padres y a muchos otros parientes en el Holocausto, y quería saber cómo habría podido un ser humano haber concebido y cometido tales atrocidades. Eichmann no mostró ninguna emoción e insistió en que él nunca había matado a nadie. Era un hecho conocido que, cerca del final de la contienda, Himmler había ordenado que se detuviera la matanza y se destruyeran las pruebas. Airado, Eichmann, desafiando las órdenes del Reichsführer («comandante en jefe»), aceleró las deportaciones de miles de judíos húngaros marcados para la muerte.

Eichmann declaró repetidas veces: «Yo sólo era responsable del transporte». Malkin le dijo que su propio primo, su mejor amigo de la infancia, tenía seis años y el cabello rubio y los ojos azules igual que el hijo de Eichmann cuando éste «lo mató en Auschwitz». Según el agente del Mossad, Eichmann comentó: «Sí, pero él era judío, ¿no es así?».

Sin disculpas o arrepentimiento, Eichmann se mantuvo en su defensa de que él sólo era un «transmisor». Elie Wiesel más tarde escribió: «No podía apartar los ojos del acusado, sentado en su jaula de cristal tomando notas imperturbablemente. Parecía del todo impasible ante la exposición de los crímenes contra la humanidad y el pueblo judío de los que estaba siendo acusado. Parecía un hombre corriente. Y me contaron que tenía buen apetito y dormía plácidamente. Considerando la aplastante presión del proceso, parecía llevarlo bien. Ni los fiscales ni los jueces fueron capaces de hacer que se derrumbase. —Wiesel continuaba—: El acusado Eichmann habló libremente, sin miedo. Citó documentos y cifras, no se guardó nada; intentaba, desesperadamente, salvar su cuello».

Retratándose a sí mismo como un burócrata sin ningún poder, Eichmann declaró: «Yo nunca hice nada, grande o pequeño, sin recibir antes instrucciones expresas de Adolf Hitler o de alguno de mis superiores». En un determinado momento, incluso llega a decir: «No me arrepiento de nada». Durante su proceso, reconoció el trato de obediencia que sus padres le habían inculcado: «Mirando hacia atrás, ahora me doy cuenta de que una vida basada en la obediencia y recibir órdenes es, sin duda, una vida muy cómoda. Vivir de dicha forma reduce al mínimo la necesidad de pensar de uno».

Cuando Hausner interrogó al acusado, le preguntó a Eichmann si se consideraba a sí mismo culpable del asesinato de millones de judíos. El acusado replicó: «Legalmente no, pero en el sentido humano… sí, porque soy culpable de haberlos deportado».

Alice escuchó a los supervivientes describir horrores inconcebibles, mucho peores de los que ella había experimentado en el campo de Theresienstadt. Ataviado de civil, con traje y corbata, pues tenía prohibido vestir su uniforme nazi y sus condecoraciones, Eichmann mostraba un aspecto fríamente arrogante. Alice buscó en su cara y en su postura algún signo de remordimiento. Incluso cuando Hausner presentó como prueba una cita de Eichmann que decía «Saltaré a mi tumba riendo porque el sentimiento que tengo en mi conciencia de haber matado a cinco millones de personas me produce una extraordinaria satisfacción», el acusado parecía orgulloso de su papel y su ejemplar cumplimiento del deber para con el Tercer Reich.

La filósofa política Hannah Arendt, ella misma refugiada de la Alemania nazi, que cubrió el proceso para la revista *The New Yorker*, decía que encontró a Eichmann un hombre corriente, sólo que ciegamente ambicioso. Las SS le ofrecieron el inconmensurable respeto y poder que no pudo conseguir en la sociedad civil. Explicando la «banalidad del mal», Arendt escribió: «La triste verdad es que la mayoría del mal es hecho por personas que nunca se deciden a ser buenas o malas… El problema con Eichmann era precisamente que había muchísimos como él, y que esa mayoría no eran ni pervertidos ni sádicos, sino que eran, y todavía son, terrible y terroríficamente normales».

Aunque el proceso duró dieciséis semanas, Alice asistió sólo cuatro o cinco días. Descubrió, para su horror, que estaba sintiendo pena, no únicamente por la vida desperdiciada y destructiva del hombre sin corazón en la cabina de cristal, sino también por toda la nación alemana. Los alemanes habían concedido su distinguido premio de literatura a Sigmund Freud en 1930, y sólo tres años después, por ser judío, los nazis marcaron sus escritos para ser quemados. Por fortuna, Freud escapó en el último momento a Inglaterra, su nombre engrosa la lista de otros grandes intelectos judíos que consiguieron escapar: Martin Buber a Palestina, Albert Einstein y otros a América.

Alice pensó en las palabras de Goethe que había memorizado en su infancia: «El odio es algo peculiar. Siempre lo encontrarás más fuerte y más violento donde el nivel de cultura sea más bajo». ¿Qué podía haber ido tan mal en la educada cultura y nación de Beethoven, Schiller, Goethe y Zweig, el mundo e ideales de su juventud? Alice llegaría a estar de acuerdo con Hannah Arendt en que «existe una extraña interdependencia entre la irreflexión y el mal». Más tarde, el filósofo judío Martin Buber compararía el nazismo con un eclipse de Dios.

Pero la intensa ira de la masa que esperaba impacientemente, tanto dentro como fuera de la sala del juicio, a que se impartiera justicia también perturbaba a Alice. ¿Qué era la justicia? Buber y muchos otros se posicionaron en contra de la pena de muerte para Eichmann. Ningún tribunal de justicia del mundo puede recuperar las vidas que se han perdido. La tristeza embargó a Alice. Las palabras de Schiller fluyeron hasta su interior: «Para conocerte a ti mismo, observa los actos de los demás. Para conocer a los otros hombres, mira dentro de tu propio corazón».

Incapaz de expresar sus sentimientos, Alice abandonó la sala.

Pasó el resto de la mañana y la tarde orando a su manera, tocando el piano. Interpretó a Bach, a quien llamaba el filósofo de la música, disfrutando de su excelencia. «No importa los años que hace que hayas conocido una obra de Bach o cuantas horas la hayas ensayado, siempre puedes esforzarte para alcanzar un nivel más alto. Bach es todo un universo. Infinito», explica ella. Encuentra similitudes entre la vida, con todos sus inesperados altibajos, y su música: sus extrañas disonancias, que podrían insertarse en el paso a una resolución y que algunas veces pasan casi inadvertidas y que, en otras frases, se proclaman en una momentánea explosión de alegría. Más allá de la lengua hablada, más allá de las fronteras nacionales, más allá de las preocupaciones mundanas, más allá del odio, la música era su lenguaje, el lenguaje de la humanidad. Bach trajo a Alice a un estado de paz. Más tarde, solía decir: «La música nos transporta al paraíso».

Alice está convencida de que no estamos programados genéticamente para odiarnos los unos a los otros. Pero, ahora, reconoce que cualquiera, en cualquier lugar y en cualquier momento puede adoptar el odio y, lo que es peor, infectar a otros con su veneno. El odio, que puede empezar con una persona, como una piedrecilla arrojada a un lago, puede, como ésta, crear ondas concéntricas y extenderse a grupos cada vez más grandes e incluso a naciones enteras. Aunque el Holocausto acabó con la derrota de los nazis en 1945, Alice observa que el mundo ha cambiado muy poco desde entonces. La metamorfosis del prejuicio individual en odio grupal y la matanza todavía se dan en el siglo XXI. Recordando su propio primer encuentro con el odio siendo niña, cuando un extraño la llamó «sucia judía», enfatiza: «Cada individuo puede elegir el bien o el mal. Depende de nosotros, de cada uno de nosotros». Piensa en el famoso compositor protestante Max Bruch, quien, al ser criticado por utilizar insultos raciales, respondió: «Yo sólo decía lo que decía todo el mundo».

Alice nunca se cansa de señalar: «Somos responsables de nuestros actos y nuestras palabras. Y cada uno de nosotros debe estar permanentemente en guardia contra los prejuicios y el odio en nuestras propias mentes y de las palabras que salen de nuestros labios. Nadie está exento. Nadie. Hitler no podría haber llegado al poder de no haber existido un clima de odio excesivo».

Aunque sus palabras puedan parecer simplistas, la profunda verdad que subyace es indiscutible: «El odio sólo engendra odio».

12
SIN PALABRAS DURAS

«¿Cómo puede una mujer ser infeliz después de haber visto la primera sonrisa de su retoño? Es un milagro. El nacimiento de mi hijo fue el día más dichoso de mi vida. El momento que más me impresionó fue cuando vi la sonrisa de mi niño por primera vez. —La filósofa que habita en Alice añade—: Él era feliz porque no conocía la infelicidad. No deseaba cosas que no necesitaba. Puedo decir que criar a mi hijo ha sido mi mayor privilegio.» Aunque Hitler había llegado a la Cancillería alemana cuatro años antes de que Rafi naciera en 1937, Alice estaba dispuesta a ser fuerte por su hijo mientras viviera. «El amor de su madre es el único refugio del niño contra el mundo, venga lo que venga», asevera.

De niño, Rafi dormía plácidamente mientras Alice practicaba. Cuando tenía tres años ya hacía sus propios ejercicios de dedos imitando a su madre. Un día, estaba ocupado tocando su piano imaginario mientras Alice ensayaba canciones de Schumann con un cantante, cuando, de repente, empezó a llorar. «¿Qué ha pasado? ¿Qué ocurre?», le preguntó Alice mientras lo ponía en su regazo. Suspirando le contestó: «La música es tan bonita…». Durante el resto del ensayo, Rafi se quedó sentado tranquilo entre los brazos de su madre. Esa tarde, Alice le contó a su marido lo que había sucedido. «Nuestro hijo tiene talento», le anunció a Leopold.

En ese tiempo, la mayoría de los padres europeos tradicionales creían en la estricta e incluso dura disciplina para sus hijos. Alice era diferente. Ella aceptó a su sensible hijo como un ser humano completo. Desde el principio, fue consciente de que cada palabra que ella pronunciara podía influir en él.

Se convirtió en una madre sola después del séptimo cumpleaños de Rafi, cuando su marido fue enviado a Auschwitz y ella y Rafi se quedaron en Theresienstadt. Hasta que la guerra acabó, crió a su hijo en el campo de concentración, rodeados de inmundicia, enfermedad y muerte. «Lo más difícil para mí en el campo era escuchar a mi hijo llorar de hambre y no tener nada, nada que darle —recuerda ella—. Eso era terrible. Y sus preguntas. ¿Cómo responderlas? Rafi preguntaba continuamente: "¿Qué es la guerra?" "¿Por qué no podemos irnos a casa?" "¿Qué es un judío?" "¿Por qué somos judíos?"»

Como Rafi sólo tenía seis años cuando llegaron a Theresienstadt, a Alice le permitieron quedarse con él en la zona de las mujeres. Dormían juntos en su estrecha plataforma de madera. Según los días iban transformándose en semanas y meses, Alice comprendió esta importante bendición. «Cuando un niño se abraza a ti y puede sentir el calor de tu cuerpo, el niño se siente seguro.» Eso, explica ella, sucede cualesquiera que sean las circunstancias, pero en Theresienstadt era básico para el bienestar del pequeño. Después de la guerra, cuando Alice leyó la filosofía de Martin Buber, sus palabras reafirmaron su creencia: «El mundo no es comprensible, pero es abrazable a través del abrazo a uno de sus seres». Después de que Leopold fuese deportado a Auschwitz, Rafi, a menudo, expresaba su constante miedo: «Ahora que papá se ha ido, si te llevan a ti, estaré completamente solo en este mundo». «Solo en este mundo —repite Alice—. ¿Cómo se le pudo ocurrir a un niño tan pequeño la idea de un mundo más grande?» Ella le aseguraba a Rafi que nunca lo abandonaría y, consolándolo, intensificaba su propia determinación de sobrevivir. Proteger a Rafi se convirtió en su misión. «Me inventaba historias constantemente. Reía. Nunca dejé que mi hijo viera mi miedo o mi preocupación. Y en un campo de concentración no hay espacio para las lágrimas. La risa era nuestra única medicina.»

Cuando Alice y Rafi cruzaron por primera vez las puertas de Theresienstadt, en 1943, soldados armados con metralletas vigilaban la entrada. Afortunadamente, el guardia nazi no entendía checo cuando Rafi anunció en voz alta: «Mamá, no me gusta esto. Quiero irme a casa». Desde ese momento, Alice se inventaba cuentos e historias para calmar su ansiedad y pasar el tiempo. Le pedía que imaginara que estaban interpretando una obra de teatro. La bruja mala les había obligado a tomar el tren equivocado y estaban esperando a los soldados buenos que los rescatarían. Al ver a su madre sonreír e incluso reír a pesar de todo, Rafi sólo podía pensar que no debía de ser tan malo. Cuando se tomaban la sopa aguada que servían tanto en la comida como en la cena, Alice le contaba al pequeño un cuento del banquete de un rey donde les ofrecían todo lo que quisiesen comer. Rafi se unía y hacía como si estuviese comiendo montones de patatas y docenas de sus chocolatinas favoritas.

Pero Rafi también estaba lleno de intrépida energía infantil. Para salvar su vida, Alice se las apañó para educarlo con la razón, no con el castigo. «Dar a tu hijo instrucciones en un tono de voz serio es muy diferente a usar palabras en un tono airado», explica. Para ella, las palabras duras llevan un mensaje desdeñoso y falto de amor. Para sobrevivir, «un niño no tiene que dudar de tu amor nunca, jamás».

Cuando a Rafi le ofrecieron el papel de gorrión en *Brundibár*, el director, Rudi Freudenfeld, se sorprendió de la rapidez con la que se aprendió la pieza y la perfecta afinación con la que ejecutó el solo. Como Alice trabajaba en la fábrica, no podía supervisarle durante los ensayos, así que la tarea de cuidar al revoltoso niño recayó sobre una muchacha de catorce años, Ela Weissberger, que cantaba el papel del gato, y algunas de sus amigas. A pesar de su carácter inquieto, Rafi nunca se perdía su turno de cantar, y nunca desafinaba una nota.

Después de la guerra, Alice se negaba a hablarle a nadie de sus días en el campo de concentración por temor a que su hijo escuchara la conversación, dado que ella quería que olvidase aquella horrible etapa. Años después, cuando Rafi volvió a conectar con Ela, ya de adultos, le pidió: «Dime cómo estaba en *Brundibár*. No recuerdo nada».

Rafi aprendió con el ejemplo; nunca empleó palabras duras con su madre. Se adaptó rápidamente a su nuevo hogar y su nueva cultura en Israel. Destacó en la escuela, absorbió el hebreo como una esponja y siempre mostró interés por su entorno. Alice nunca tuvo que recordarle que hiciera los deberes o que practicara. Debido al horario de trabajo de ésta, pasaba muchas horas solo. Aprendió no únicamente a aceptar la soledad, sino a saborearla. Cuando decidió que quería celebrar su Bar Mitzvah, trabajó duro con su tutor y fue premiado con una reluciente bicicleta nueva.

Hasta que dejó su hogar, Rafi empezaba cada día dando una hora de clase de piano con su madre, antes de la escuela. También estudiaba chelo en la Academia de Música de Jerusalén. Según Alice: «Era un excelente pianista, excelente». A ella le encanta relatar cómo embelesaba a sus compañeros estudiantes cuando, con apenas diez años, tocaba no una sino dos sonatas de Beethoven en el programa de la escuela. No obstante, se sentía más atraído por la rica tonalidad del chelo. Sus progresos con ese instrumento de cuerda fueron tan rápidos que, cuando estaba en la escuela secundaria, ya era capaz de interpretar gran parte del difícil repertorio.

El año 1954 fue el de la fortuna para Rafi. El renombrado chelista francés Paul Tortelier, católico, fue obligado a trasladarse, al menos temporalmente, a un kibutz con su esposa, dos hijos, dos estudiantes, su madre y su hermana. Cuando Tortelier fue a dar un concierto a Israel, Vera Stern, la esposa del violinista Isaac Stern, sugirió que visitaran su kibutz favorito, Ma'abarot, cerca de Netanya, entre Tel Aviv y Haifa. El célebre músico y su esposa, Maud, se enamoraron de la belleza y la tranquilidad del kibutz, al tiempo que se sentían poderosamente atraídos por los ideales de la nueva nación israelí. No sólo quiso ayudar de algún modo a construir el país, sino que rechazó un año entero de conciertos para trabajar, sin cobrar, recolectando pomelos y plátanos en los huertos del kibutz Ma'abarot y sirviendo la cena una vez a la semana. Y, por supuesto, continuaba enseñando. Más tarde, Tortelier describiría la experiencia en su autobiografía: «Comenzamos una vida sencilla: tan sólo amor y trabajo… un barrendero tenía el mismo estatus social que un profesor de ciencia. Todo el mundo vestía la misma ropa, comía la misma comida y recibía el mismo trato. Para un hombre como yo… dicha vida es ideal… Tienes todo lo que necesitas porque… en la vida no se necesita mucho. Adquirimos cantidad de cosas innecesarias, ya sea por miedo, tentación o costumbre… Fue una experiencia maravillosa… El radiante contacto entre la gente que comparte, a diario, el mismo amor a la naturaleza, al trabajo y a la belleza con una equidad y simplicidad total».

El profesor de chelo de Rafi preparó su audición. Animado por su madre, el chico viajó dos horas en autobús por polvorientas carreteras para tocar para el gran chelista que, instantáneamente, se quedó fascinado por su talento y destreza con el instrumento. Después de darle una clase de prueba, Tortelier aconsejó a Rafi que completara sus estudios universitarios en Jerusalén y que luego fuese a estudiar con él en el Conservatorio de París. Tortelier añadió la promesa de una beca para que pudiese hacerlo.

Rafi recibió la admisión del conservatorio en 1958. Pero él y Alice se enfrentaban a un interesante desafío. ¿Cómo se comunicarían? El teléfono era demasiado caro. Aunque Alice hablaba hebreo, sólo era capaz de leerlo y escribirlo a un nivel básico. Rafi no sabía escribir ni en checo ni en alemán. Decidieron que lo mejor sería que se escribieran en hebreo. Así que ella empezó a estudiar hebreo; sus progresos en dicha lengua se evidenciaron en las sucesivas cartas que le escribía a su hijo.

Entre carta y carta, Rafi se graduó en el conservatorio cuatro años después, con el codiciado primer premio.

Después, durante algunos pocos años, Rafi ganaría muchos concursos, entre los que cabe destacar el Premio Artístico Piatagorski en Boston, el segundo premio en el Concurso Internacional de Chelo de 1963 y el primer premio en el concurso de Santiago de Compostela de 1965. Gracias a todos los conciertos que surgieron a raíz de estos triunfos, su carrera despegó.

La seguridad laboral le llegó a Rafi con una oferta para servir como jefe del departamento de chelo en el Royal Northern College of Music en Mánchester, Inglaterra, donde estuvo veintidós años. También dirigió la First Chamber Orchestra en el Royal College of Music de Londres, ciudad donde formó su hogar para el resto de su vida. Junto con su esposa, Geneviève, fundó, además, un festival anual de verano de música de cámara en Gex, en la campiña francesa, donde tenía una segunda residencia. Durante los últimos años de la década de los sesenta y los primeros de la de los setenta, Alice viajaba frecuentemente con Rafi como su acompañante al piano. Juntos dieron conciertos de chelo y piano por toda Europa e incluso se aventuraron a lugares tan lejanos como Estados Unidos y Sudamérica; mientras, obteniendo galardones, incluyendo el Grosser Sudetendeutscher Kulturpreis del año 2000 en Núremberg, y el máximo reconocimiento en Gran Bretaña para un músico, otorgado por la reina madre, quien le nombró miembro honorable del Royal College of Music. No obstante, puede que el premio más importante haya sido uno que no le fue concedido: su legado como profesor fue honrado cuando uno de sus pupilos ganó el segundo premio en el Concurso Internacional de Chelo Rostropovitch.

Pero por muy alto que fuera el nivel que alcanzara como chelista y profesor, Rafi siempre siguió agradecido a su propio profesor, mentor y amigo Paul Tortelier.

En 2000, Rafi organizó el Concierto Conmemorativo Décimo Aniversario en el Wigmore Hall en honor del gran chelista, que había muerto en 1990 en un pueblo llamado Villarceaux, cerca de París. La conmemoración iba a ser el último gran proyecto de Rafi, ya que él también moriría un año después. El idealismo de Tortelier en la música y en la vida no sólo influyó en Rafi artísticamente sino que, también, reforzó los cimientos forjados en los principios tanto musicales como morales de su madre. Tortelier, que casualmente había nacido el mismo día que Bach, un 21 de marzo, compartía con Alice la creencia en el poder de dicho compositor. Él escribió: «El arte de Johann Sebastian Bach representa el máximo logro de la humanidad: es soberano… como lo es la idea de la paz universal. Tenemos que trabajar juntos contra el peligro de una guerra nuclear si queremos que nuestros nietos puedan escuchar la música de Bach».

Cuando Alice se enteró de que Rafi se había comprometido con una joven pianista francesa, Sylvie Ott, a quien había conocido en el Conservatorio de París, se sintió impaciente por darle la bienvenida a la familia a su nueva hija política. Cuando nacieron sus dos hermosos nietos, David y Ariel, Alice estaba extasiada. Algunos años más tarde, sin embargo, Alice notó que su hijo, la mayor parte del tiempo, era infeliz. Él y Sylvie discutían amargamente por detalles insignificantes. Aunque no se quejaban ni hablaban de sus problemas, no podía evitar sentir la hostilidad subyacente y el cada vez mayor distanciamiento de la pareja. Un día, estando sentados en torno a su mesa de cocina, en Londres, Alice los miró a ambos a la cara y les dijo: «Los dos sois personas maravillosas, pero juntos sois infelices. No tiene sentido para vosotros seguir así, y además, la atmósfera es perniciosa para los niños». Rafi y Sylvie se miraron sorprendidos. Apenas podían creerse que Alice, la abuela de sus hijos, estuviese sugiriendo la separación.

Rafi le preguntó: «¿Estás diciendo que crees que nos deberíamos divorciar?».

«No parece que tengáis otra elección», respondió ella.

«Pero no nos podemos permitir un abogado…», protestó Rafi.

«¿Para qué necesitáis un abogado? Ambos sois personas razonables. Vamos a arreglar esto ahora mismo. Yo seré vuestro abogado.»

Acto seguido Alice cogió un bolígrafo y un papel y, cumpliendo lo sugerido, empezó a redactar un acuerdo con el que ambos podrían vivir.

La reunión familiar informal derivó en un rápido, justo y amigable acuerdo de divorcio. Para demostrar su imparcial apoyo tanto a su hijo como a su nuera, Alice pagó los costos del papeleo para legalizarlo. La joven pareja no sólo evitó la acritud y el coste de abogados litigantes sino que se benefició del acusado sentido de la equidad de Alice. Hoy, diez años después de la muerte de Raphaël y veinte después del divorcio, Sylvie sigue consultando a Alice por teléfono.

Cuando habla del divorcio de su hijo, Alice dice: «¿Por qué tendría que ser tan odioso, tan complicado? Al casarse, mi hijo y su esposa cometieron un error de juventud. Ningún rabino, ningún sacerdote o juez puede garantizar que un matrimonio pueda o deba durar para siempre. Su vida en pareja iba volviéndose cada vez más desdichada, ya que cada uno de ellos quería o necesitaba cosas diferentes del matrimonio. El divorcio era, sencillamente, la solución lógica. Y era la opción preferible para sus dos pequeños hijos, antes que crecer viendo a sus padres descontentos en casa. Sentido común, fue tan sólo sentido común».

Cerrando los ojos por un momento para pensar, Alice continúa: «Ahora que he vivido tanto tiempo para ver a mis nietos mayores, y que ambas esposas de Rafi son mujeres mayores, sé que fue la decisión correcta. Sí, estoy orgullosa de eso. La mayoría de la gente dice que uno no debe interferir en la vida de sus hijos. Pero, algunas veces, necesitan tu ayuda, un pequeño empujón… *Ja*, tu hijo siempre es tu hijo».

Hacia el final de su vida, Rafi escribió un pequeño testimonio describiendo su compromiso con el arte. Alice memorizó sus palabras, que algunas veces cita en voz alta: «No tengo la ambición de ser el mejor, en absoluto. Quiero mostrar a la gente la gran belleza de la música. Uno de los mayores placeres de la música es hacer que otras personas la escuchen; sentir, aunque sólo sea por un momento, una pequeña parte de un mundo ideal en el que todo es bueno, hermoso… la música es una bendición. La música nos proporciona una isla de paz». Describiéndole como adulto, Alice dice de su hijo: «Casi nunca utilizaba el pronombre "yo". De mayor, no hablaba mucho pero, cuando lo hacía, lo escuchabas. No era ambicioso o envidioso en el sentido corriente de esas palabras. Mi hijo era generoso en su alabanza a los demás».

Alice describe la noche que Rafi murió, después de dar un concierto en Israel. «Esa tarde celebró un maravilloso concierto, todo Beethoven, con su trío Salomon. Estaba feliz. Después de la actuación, le dijo a sus amigos que no se sentía bien y le llevaron al hospital.» Alice explica que le diagnosticaron un aneurisma ilíaco. Le pusieron anestesia, porque los médicos tenían que operarlo para intentar salvar su vida. «Nunca se despertó —cuenta Alice—. Doy gracias porque no sufriera. Tuvo un hermoso último día. Doy gracias porque, al no saber que iba a morir, no tuviera que pasar miedo.»

Enterarse de la muerte de su hijo, el 13 de noviembre de 2001, justo trece días antes de su nonagésimo octavo cumpleaños, fue el peor trago de su vida. Sus amigos y familiares se preocuparon. ¿Cómo iba a sobrevivir al más cruel de los golpes? Pero Alice dio un formidable ejemplo de cómo aceptar lo inevitable con amor y dignidad. Ella estaba preocupada por los demás, por Geneviève y sus nietos.

El funeral de Rafi fue, mayormente, música, lo mismo que había sido su vida. Unas cuantas personas hablaron brevemente y, luego, varios de sus amigos y colegas se sentaron alrededor de su tumba abierta con sus chelos y tocaron. Casi todos los meses, Alice visita la tumba de Rafi del brazo de su nieto Ariel. Su sencilla lápida está grabada en hebreo. Al preguntarle si cree en la oración, Alice contestó: «Sí, nos ayuda en la crisis cuando más lo necesitamos». Nunca se abandona a la autocompasión. «Después de todo, no soy la única madre que ha perdido a su hijo. Puede que saque fuerzas de la gran pianista Clara Schumann, quien cien años antes que yo perdió a dos de sus hijos, Felix y Julia. La música la mantuvo en pie hasta que cerró los ojos por última vez.»

Alice vuelve la mirada hacia la prematura muerte de Rafi y admite estar contenta de que se perdiera las penas y dolores de la vejez. Contemplando las muchas fotografías expuestas en su habitación, dice que las imágenes le recuerdan que está muerto. «Mira ese cuadro con su chelo. Es hermoso, pero es de un hombre que ya no existe.» Insertando un vídeo en el reproductor, Alice sonríe y dice: «Ahora él vive». Ve una interpretación de Rafi dirigiendo *Brundibár* con la orquesta Jeunesse Musicale en una gira internacional. «La tecnología es maravillosa. Mi hijo está muerto, pero aquí está vivo, tocando música hermosa para nosotros. Quién sabe, puede que algún día, con la tecnología, deje de existir la muerte.» Alice no recuerda ni un solo reproche entre ellos dos. Con la grabación de Rafi interpretando la segunda sonata para chelo de Bohuslav Martinů de fondo, Alice, con los ojos cerrados, dice: «La única vez que mi hijo me causó dolor fue cuando murió».

13
PRIMER VUELO

Alice todavía recuerda afectuosamente la primera vez que viajó en automóvil con su intrépido padre. Él fue uno de los primeros en comprar un coche y utilizarlo para su negocio. Cuando Alice se casó, los coches eran raros objetos de lujo en Checoslovaquia; su sobrino Chaim Adler recuerda que, de niño, conducía con su tío Leopold, recientemente casado con Alice. Éste, algunas veces, le dejaba el volante en carreteras rurales cercanas cuando salían en busca de buenos lugares para recoger setas o ir de picnic.

El vuelo inaugural de Alice fue en 1959 o 1960, cuando viajó de Tel Aviv a París en un avión propulsado por cuatro motores para visitar a su hijo en el Conservatorio de París. Hablando de su primera aventura aérea, Alice recuerda la magia que ahora se ha vuelto tan corriente para muchos de nosotros: el modo de elevarse el avión en el aire como un ave, su forma de ascender suavemente y la emoción que sentía sobre las nubes flotantes, incluso la agitación de las turbulencias... Para Alice, viajar por aire significaba la posibilidad de visitar rincones de la Tierra que sólo había visto en libros. Igual que los aviones acortaban las distancias entre continentes, Alice esperaba que la idea de que toda la humanidad formara parte de una familia fuera haciéndose realidad. «Puede que, algún día, seamos lo bastante listos como para vivir juntos en paz», augura ella.

Aunque los televisores fueron introducidos en Checoslovaquia en 1948, Alice no tuvo oportunidad de ver ninguno en su país. La primera vez que vio la televisión fue en 1966, cuando se puso en funcionamiento en Israel. Y, casi infantilmente, continúa maravillándola la tecnología tan omnipresente en nuestras vidas: poder ver a personas del pasado como si estuviesen vivas o saber qué está ocurriendo en China o en Nueva York desde el sofá de su casa de Londres, efectivamente, aún la fascina.

De todas las primeras veces de Alice, no obstante, la más aventurera y, en cierto modo, la más valiente fue cuando decidió dejar su patria por Israel. A pesar del reto que el traslado significaba, el país encajaba con la personalidad de Alice. Con sus inclinaciones socialistas, su idealismo y su rechazo de los valores materiales, Israel era un nuevo hogar ideal. Su independencia era respetada por los hombres y mujeres israelíes, que trabajaban juntos como iguales tanto en la política como en el éjercito para instaurar su nación. La religión, la nacionalidad y la tolerancia cultural se construyeron en el tejido de su democracia. Como remarcara Chaim Adler: «Era mucho más fácil ser un judío secular en Israel que en Nueva York o en cualquier ciudad europea». Y muchos de los emigrantes recientes eran refugiados europeos como Alice.

Alice también descubrió que los israelíes la entendían. Ellos reverenciaban a sus artistas, grandes y pequeños; habían construido su país sobre el intelecto y la música. Agradecida, Alice prometió que utilizaría toda su experiencia y conocimiento como música y profesora para ayudar a expandir, proteger y compartir la cultura de su tradición con las generaciones venideras.

El 14 de mayo de 1948, cuando Alice aún estaba en Praga, Israel declaró su independencia en una digna y conmovedora ceremonia en Tel Aviv. Unos doscientos invitados se reunieron a las cuatro de la tarde en el Museo de Arte de Tel Aviv, en el bulevar Rothschild. Un gran retrato de Theodor Herzl colgaba tras una mesa provista con trece sillas para los miembros del gobierno provisional. La Orquesta Filarmónica Palestina tocó el nuevo himno nacional, *Hatikvah* («La Esperanza»), basado en alguna melodía al estilo de *Die Moldau* de Smetana. Uno a uno, cada miembro del nuevo gobierno firmó la Proclamación de Independencia y, al terminar, el primer ministro David Ben-Gurion golpeó con su mazo. «El Estado de Israel queda establecido. Esta reunión ha concluido.»

En su autobiografía, Golda Meir escribió que no pudo contener sus lágrimas durante toda la ceremonia. «¡El Estado de Israel!… y yo, Golda Mabovitch

Meyerson, he vivido para ver el día.» Mientras el líder sionista Ben-Gurion leía su discurso —«el Estado de Israel estará abierto a la inmigración judía y al amparo de los exiliados»—, ella suspiró sonoramente, pensando en todas las vidas que podrían haberse salvado y en aquellos que faltaban en la ceremonia.

Medio siglo antes, cuando aún faltaban seis años para de que naciera Alice, en la Primera Conferencia Sionista, en Basilea, Suiza, Theodor Herzl, periodista vienés, anotó en su diario: «En Basilea, encontré el Estado judío. Si dijera esto hoy en día, se reirían de mí». Seguro de su creencia, escribió: «Dentro de cinco años, quizá, y en cincuenta, sin duda, todo el mundo lo verá». El trabajo de Herzl para una patria judía tenía sus raíces en su cobertura del proceso del capitán Alfred Dreyfus, oficial del ejército francés, un hombre inocente que fue condenado por traición y sentenciado a muerte por el antisemitismo francés. Después de doce amargos años de masacre de los judíos en Europa y de la lucha por la independencia en una guerra contra los británicos, la predicción de Herzl, por fin, se hizo realidad, aunque él no estuviera vivo para verlo.

Cuando Alice y Rafi llegaron al puerto de Haifa, el Estado de Israel estaba celebrando su primer aniversario. Lo primero que le llamó la atención fueron las emocionantes disparidades de Jerusalén: la belleza de la antigua ciudad, con sus carros tirados por camellos y asnos, contrastaba con el paisaje y los sonidos de la vida del siglo XX, desde los restaurantes y la vida nocturna hasta los gases nocivos expelidos por coches y camiones. Lo más significativo eran los sonidos de Beethoven y Mozart flotando por las calles desde las ventanas de escuelas y apartamentos.

Alice aún recuerda la primera vez que escuchó a Daniel Barenboim, que después se convertiría en un director mundialmente famoso, cuando todavía era un niño de diez años, tocar todas las sonatas de Mozart para piano en una pequeña sala de conciertos de la academia de música, poco después de haber inmigrado desde Argentina con sus padres. Alice se siente privilegiada por haberle conocido cuando era un niño y resplandece cuando habla de él: «Muy inusual… absolutamente genial». Rápidamente recuerda que, incluso después de tantas décadas, Danny se tomó la molestia de visitarla en Londres a principios de 2002, cuando se enteró de la muerte de Rafi. «Era el mejor amigo de mi hijo. Hablamos de paz. Es un idealista.» Barenboim y su difunto amigo Edward Said, profesor en la Universidad de Columbia y escritor, fundaron la West-Eastern Divan Orchestra, para que tocaran tanto músicos israelíes como palestinos y también de otros países árabes. Según Barenboim, él concibe la orquesta como un proyecto contra la ignorancia. Dice: «Es absolutamente esencial para las personas conocer al otro, entender lo que piensa y siente, sin necesidad de estar de acuerdo con ello».

Barenboim, al igual que Alice, cree que los palestinos y los israelíes pueden vivir juntos y que hacer música juntos es un camino hacia la paz. Puesto que durante los primeros años tenía poco dinero para el alquiler,

Alice compartía la cocina y el cuarto de baño del apartamento de ella y de Rafi con una familia árabe. Cuando estaba trabajando por las tardes o los fines de semana, ellos cuidaban y daban de comer a su hijo. Hacer de los enemigos amigos es uno de los compromisos más presentes de Alice. Tiene esperanza en los nuevos acuerdos de paz. «Tenemos que encontrar una forma de acabar con las matanzas», afirma.

Cuando Alice llegó a Israel ya había cumplido cuarenta y seis años y, allí, era desconocida como concertista. Según los críticos de la época, incluyendo a Max Brod, que la habían oído tocar con orquestas en Europa antes de la guerra así como después en Israel, era una gran artista. Era una pianista sensible que producía un tono hermoso y cálido e interpretaba con un ritmo emocional exquisito. Con su obediencia a las indicaciones del compositor, se decía que la forma de tocar de Alice tenía ciertas reminiscencias de la tradición de Dame Myra Hess y Mieczyslaw Horszowski. «Soy una persona muy sencilla. Y toco sencillamente, sin exageración», dice ella. Todavía en su mejor momento, podría haber sido invitada a interpretar con la Filarmónica de Israel, lo cual, seguramente, le habría supuesto el reconocimiento internacional. De hecho, varios de sus compañeros prisioneros en Theresienstadt retomaron sus carreras con éxito después de la contienda. Así por ejemplo, después de su nombramiento como director de la Filarmónica Checa, Karel Ančerl dirigió la Sinfónica de Toronto, mientras que Karel Berman, con su gran voz de bajo, desarrolló una gran carrera en Europa oriental, tocando con la Filarmónica Checa y con la Ópera de Praga.

A menudo, las carreras musicales son forjadas por intérpretes ambiciosos en su juventud. Alice era una verdadera artista ya que continuaba practicando durante cinco o seis horas al día y pulía su repertorio, tuviera o no un concierto remunerado. Como ella dice: «Trabajaba para mi crítica interior. Nunca me preocupó lo que pensaran los demás». Chaim Adler cree que si Alice se hubiese quedado tras el Telón de Acero, en Praga, habría continuado tocando con la Filarmónica Checa y probablemente habría sido invitada por todos los países del bloque oriental. «Alice era, sin duda, una de las mejores pianistas de Checoslovaquia», dice su sobrino. Lo único que hubiera necesitado para ser descubierta y promovida por un representante internacional, consideran sus amigos, habrían sido uno o dos artículos sobre su pasado en la prensa británica o estadounidense y triunfar con recitales en Londres y Nueva York. Pero Alice no tenía interés en explotar la tragedia en su beneficio personal; la mayoría de las personas que la han oído tocar nunca se han enterado de sus labios de que era una refugiada de un campo de concentración.

La vida y las expectativas cambiaron para Alice cuando llegó a Israel. En privado, podía preguntarse por qué tal horrible tragedia había golpeado no sólo a su familia, sino al pueblo judío. Y, luego, se maravillaba por el milagro de Israel y la esperanza que ofrecía a los refugiados. El poeta checo Rainer Maria Rilke intentó explicar que la sabiduría no presume: sabiduría no es conocer las respuestas elusivas, sino afrontar las preguntas sin miedo. «Sé paciente con lo no resuelto en tu corazón e intenta amar a la *propias preguntas* como habitaciones cerradas y como libros escritos en una lengua extrañísima. —Y continuaba—: Entonces, puede que, gradualmente, sin que te des cuenta, vivas hasta el lejano día de la respuesta.»

La forma de abrazar las preguntas de Alice, su curiosidad y su apertura a experiencias nuevas y diferentes es responsable, en gran medida, de su paz interior y su contagiosa felicidad juvenil. Desde sus intrépidos primeros vuelos, Alice nunca ha dejado de observar, preguntar o aprender de aquello que trae el día a día; más allá de libros y grados. Ése, para ella, es el modo de conseguir una educación excelsa.

14

ALICE LA PROFESORA

«No quería que nadie me tuviese pena —revela Alice—. Desde mi primer día en la academia de música, mantuve silencio sobre mi pasado. No quería privilegios especiales por ser refugiada. Nadie sabía que había sobrevivido a un campo de concentración. Mis alumnos y sus familias no tenían por qué cargar con esa parte de mi pasado.»

Alice no era una profesora de piano al uso. Se volcaba en su trabajo en la Academia de Jerusalén con el mismo entusiasmo, tolerancia y amor que hacía todas las demás cosas en su vida. Recuerda: «Era muy emocionante porque tenía el nuevo reto de enseñar a estudiantes avanzados a tocar un repertorio de piano de máxima dificultad; nada que ver con las clases que daba a principiantes en Praga. Tuve que aprender a enseñar a estudiantes de todos los niveles que hablaban muchos idiomas distintos». Alice era conocida como una maestra dura pero justa. Llevaba a cada uno de sus alumnos a su nivel más alto. No obstante, algunos dicen que aprendían casi tanto de su eterna sonrisa como de sus palabras. Incluso cuando los matices de la lengua hebrea la confundían, éstos podían entender el significado emocional de Alice.

Algunos jóvenes de familias árabes acudieron a ella para que les diera clases, y Alice recuerda cálidamente a una de ellos en particular, Killes. En la actualidad es profesora, y cuando visitó a Alice en Londres hace cuatro años, llevó consigo sus cuadernos de estudiante de quince años atrás; quería enseñar a su antigua profesora que había escrito cada palabra, cada instrucción que Alice había dado en las clases. Le dijo: «Quería que supiera que, en la actualidad, yo estoy enseñando de la forma que usted enseñaba. Cuando tengo una dificultad con un alumno, repaso lo que usted decía. En ese sentido, Alice, todavía es usted mi profesora».

Alice no dejó marchar a Killes sin que tocara para ella. Ésta se puso un poco nerviosa. Entonces miró a los alentadores ojos de su antigua profesora y decidió intentar una de las últimas obras que había estudiado con ella antes de graduarse en la academia, la translúcida *L'isle joyeuse* de Debussy. Después, Alice le confesó: «Estoy muy orgullosa de ti». Killes reconoce: «Sus palabras me dejaron en las nubes».

Su antigua alumna Lea Nieman, al preguntarle acerca de Alice, empieza diciendo: «Todavía puedo oler esas manzanas. Estaba tan ocupada que no tenía tiempo para comer. Alice siempre llevaba manzanas en su bolso, tan frescas que aún tenían hojas verdes; y si tenía hambre, se comía una, a mitad de la clase. Cuando me abría la puerta de su estudio, por toda la acogedora habitación flotaba un olor a fruta recién recogida. Al acabar mi clase, me preguntaba si tenía hambre mientras ponía una manzana en mi mano y me despedía. Era como una segunda madre, y eso a los estudiantes de música nos encantaba.»

«Alice es un fenómeno —declara Nurit Vashkal Linder animadamente—. Era muy energética y generosa. Y, sencillamente, no podía dejarte marchar de su estudio sin darte algo, una pieza de fruta, un caramelo, un lápiz. Pero, lo más importante era que, cuando tenías dificultad para aprender un pasaje, ella daba muestras de una paciencia notable. Si Alice tenía un reloj, debía de ser invisible. Mis clases duraban lo necesario. Cuando la había preparado especialmente bien, no eran largas. Ella era, y es, mi más inolvidable profesora. Utilizo mis conocimientos musicales en todo lo que hago en la vida diaria.»

Nurit viaja a Londres, expresamente, para visitar a Alice. «Y ella todavía insiste en darme algo antes de partir —señalaba—. La última vez que la vi, pasamos toda la mañana juntas y cuando sonó el timbre de la puerta, ya era la una. Era el reparto diario de la comida a domicilio. Cogí mi bolso para marcharme, pero Alice insistió en que me quedara a comer, y procedió a sacar dos platos y dos tenedores y empezó a dividir la comida; un poco de algún tipo de carne oculta bajo la salsa, un par de cucharadas grandes de puré de patatas y unas siete vainas de judías verdes. Ni siquiera suficiente para un apetito normal. Sin embargo, Alice fue tan insistente que llené dos vasos de agua y nos sentamos juntas. Y luego ella tomó un bocado y declaró: "maravilloso". Me llevó un momento darme cuenta de que estaba refiriéndose a nuestra comida juntas y no a la comida.»

Nurit la llama todas las semanas desde Israel. «Yo intento ser de alguna ayuda y a Alice le encanta hablar hebreo —comenta—. Era una profesora muy estricta, a pesar de su paciencia. Su nivel de exigencia era extremadamente elevado. Yo siempre sentía decepcionarla. Se esforzaba mucho conmigo.»

Como profesora, Alice se inspiraba en los grandes compositores. En efecto, aunque no fueran coetáneos, ha dedicado décadas y sigue dedicando tiempo a explorar sus pensamientos y motivaciones. «Mis padres nos inculcaron una educación moral a través del ejemplo», expone. Le gusta destacar a Beethoven, quien a pesar de lo poco que tenía hizo lo que pudo por ayudar donde se requería. Aunque el célebre compositor apenas podía pagar su propia cuenta del hotel, en una ocasión, organizó un concierto benéfico en el Grand Hotel Pupp en Carlsbad, Checoslovaquia, para ayudar a un músico desconocido que estaba pasando tiempos difíciles.

Alice habla de Beethoven constantemente; admira su genio. «Según me voy haciendo más mayor, voy apreciando más la profundidad de Beethoven», revela. Él produjo música nueva dictada por su intrépido talento, rompiendo las ataduras de las reglas establecidas cuando era necesario. Beethoven fue el primer músico que se denominó a sí mismo artista y el primero en vivir de su trabajo, sin que nadie le ayudara. Buscó significado a la vida, y conservaba un libro de notas de citas filosóficas para inspirarse. Su comprensión de las emociones humanas se expresaba a través de su intemporal música. A Alice le gusta resaltar que Beethoven estaba libre de los prejuicios convencionales. Se mantuvo en pie ante reyes y príncipes cuando estaba en desacuerdo con ellos, y según la pianista: «No habría temido levantarse ante Hitler». Aunque los modales e indumentaria del alemán fuesen rudos, su código moral, su inquebrantable posicionamiento en favor de la justicia y la libertad, era impecable. «En el campo de concentración, cuando tocaba a Beethoven, algunas veces, sentía que estaba protestando contra la inhumanidad de los nazis —explica—. Podía sentir la respiración de los espectadores, sintiendo conmigo mientras se aferraban a sus memorias de tiempos mejores.»

Alice también obtuvo enseñanzas para sus alumnos y para ella misma de Schubert, Brahms y Schumann, por su humildad, su respeto por el talento de otros y la fuerza de sus obras. Cuando Beethoven murió, Schubert, que sólo tenía treinta años, se planteó: «Todavía espero hacer algo que salga de mí, pero ¿cómo puede alguien hacer algo después de Beethoven?».

Brahms dejó la escuela a los quince años. Al tener que ganarse la vida, no tuvo posibilidad de asistir a la universidad. Pero, durante toda su vida leyó filosofía, e, infinitamente curioso, se mantuvo al día de los últimos descubrimientos científicos. Y nunca olvidó sus humildes comienzos o a nadie que le hubiese ayudado a lo largo del camino. Constantemente, Brahms se recordaba a sí mismo y a los demás lo que el gran poeta Goethe nos enseñó: «Sólo pensamos que somos originales porque no sabemos nada».

Robert Schumann también vivió una vida generosa. En lugar de promover su propia carrera, recomendaba a los editores las obras de otros compositores y, como crítico, llamó la atención internacional hacia jóvenes músicos desconocidos por medio de sus pródigas, aunque merecidas, alabanzas en sus artículos para *Neue Zeitschrift für Musik* («Nuevo Diario de Música»). Schumann fue responsable del descubrimiento de piezas maestras de Schubert y Bach, que habían sido olvidadas durante largo tiempo después de sus muertes, y de la organización de publicaciones póstumas de sus obras.

Según Alice iba avanzando en la música de Bach con sus alumnos, también les hacía conscientes de la vocación de artista. Ningún pupilo salió del tutelaje de Alice sin conocer el lema personal de Bach: «Yo compongo para la gloria de Dios y el entretenimiento del alma». «Bach es el filósofo de la música —enfatiza Alice mientras pone manos sobre el corazón—. Su música es como un rompecabezas. Va dando cantidad de giros y vueltas, algunas veces obvios pero a menudo elusivos, según va avanzando, igual que nuestras vidas. Para mí, él es el dios de todos los dioses de la Música.»

Hasta hoy, a la edad de ciento ocho años, Alice comienza su práctica diaria con una obra de Bach de memoria. Halla belleza y significado en intentar resolver los desafíos que su compositor favorito le plantea. Reaprendiendo a Bach, inventándose un par, y tres, partes de memoria, con unos poco colaboradores artríticos dedos índices, se las apaña para tocar la difícil música con sólo cuatro dedos en cada mano. Como Bach fue el primer pianista que tocaba con los pulgares, utilizando los cinco dedos, Alice se ríe y dice que es una regresión.

A lo largo de sus muchos años, se ha inspirado en las vidas de esos compositores inmortales, que luego vertía en sus interpretaciones. Y transmitió su profunda veneración hacia los mismos a sus alumnos. Si un estudiante se equivocaba al reconocer el nombre de un compositor cuya obra estaba tocando ella, Alice le amonestaba: «¿Cómo? ¿No sabes el nombre de tu amigo?». Al mismo tiempo, Alice no se daba cuenta del amor que insuflaba en los corazones de aquellos pianistas en ciernes. Tampoco sabía que su influencia perduraría una vida y más. Meira Shaham, la madre del célebre violinista estadounidense israelí Gil Shaham, era una de sus alumnas.

MEIRA DISKIN SHAHAM

«Claro que la reconocería. Era mi profesora.» A punto de saltársele las lágrimas, Meira señala a una fotografía reciente de Alice. «Ahí está. Ésa es ella, ésa es su sonrisa». Meira, ahora abuela, no ha visto u oído nada de Alice desde que emigró a Estados Unidos, hace casi cuarenta años. Meira también lloró cuando se enteró de que Alice era una superviviente del Holocausto. «Durante todos estos años no lo he sabido. Los alumnos no teníamos ni idea. Era tan feliz, siempre sonriendo, incluso cuando le decepcionaba nuestra forma de tocar…»

Meira estudió piano con Alice durante sus años de escuela secundaria. Como futura científica, siguió estudiando en la Universidad Hebrea, donde consiguió la más alta graduación en genética. «Ella hizo que quisiera practicar —recuerda Meira—. Como ya había tomado mis primeras clases dos veces por semana con otra profesora, podía arreglármelas sin trabajar entre lecciones. De todas formas, no tenía piano en casa. Practicar era un concepto extraño. Pero, al poco de empezar a aprender con Alice, me hizo amar el practicar. Al principio, lo hacía por ella, en la casa de un vecino, después de la escuela. Luego, mis amigas y yo nos pasábamos todos nuestros fines de semana en el conservatorio practicando durante horas, sólo porque nos encantaba.

»No me hice profesional, pero di a luz a la siguiente generación y los ayudé a encontrar sus caminos entre los senderos de la música. Sí, conseguí darles a mis hijos algo de lo que Alice me había dado a mí: su gran, gran amor por la música y los músicos. Así que todo su duro trabajo no se ha perdido.» Los tres hijos de

Meira son músicos. Orli, su hija, es una concertista de piano bastante conocida. Su hijo mayor, Shai, es un distinguido científico especializado en el desarrollo de la genética molecular, aunque la música es su vocación y es un notable pianista. Y Gil, el hijo mediano de Meira, es un violinista de fama internacional.

A la vez que realiza su trabajo de alta tecnología en genética, Meira está profundamente conectada con la música a través de sus hijos y amigos. Cuando tiene algo de tiempo libre, asiste, ávidamente, a conciertos. «Yo represento la otra mitad de la historia; es decir, la audiencia de la música», dice ella. La Nochevieja de 2010, Meira asistió a un alegre concierto en San Luis. El marido de Orli, David Robertson, director musical de la Sinfónica de San Luis, dirigió el concierto; Orli y Shai tocaron piezas de piano, y Gil tocó el *Concierto de violín* de Mendelssohn con la orquesta. Los amantes de la música de San Luis tuvieron la suerte de ser testigos de la tradición heredada y atesorada de generación en generación.

EDNA ZAITSCHEK MOR

«Estaba en medio de una sesión con una paciente, una mujer mayor —comenta la psicoanalista israelí Edna Mor—, cuando la oyó decir: "Escuchaba a mi madre tocar duetos con Alice Herz-Sommer".» Ignorando por un momento los rígidos principios de su profesión, Edna cuenta que le dijo a la mujer que ella también conocía a Alice. Cuando era joven, había tomado lecciones de piano con ella. Edna sigue explicando que, en ese momento de reconocimiento mutuo, la confianza del paciente aumentó enormemente. «Y creo que conseguí ayudarla.»

Edna habla de la primera vez que volvió a contactar con Alice en Londres. «Después de casi cincuenta años, Alice recordaba una pieza que decía que yo había tocado muy bien. Era el scherzo n.º 2 en si menor. Y me recordó que mi novio Gideon (que acabaría siendo el marido de Edna), había aprendido la sonata de Beethoven, opus 2, nº 1, con ella. Gideon trabajó con su profesora sólo un año o dos cuando estudiaba en la universidad y, aunque prosiguió hasta convertirse en bioquímico, según Edna, nunca ha dejado de tocar.

Edna estudió con Alice durante más de diez años. Era una pianista con talento, pero se apresura a confesar que no era una de las alumnas estrellas de Alice. Ella era una chica tímida que nunca quería ser el centro de atención. Sentía que no podía enfrentarse a la competitiva atmósfera del conservatorio y los requisitos de las interpretaciones públicas, y todavía, «en la actualidad, sólo practico y toco el piano para mí», puntualiza ella.

En cualquier caso, Alice la consideraba como si fuese a hacer una carrera profesional. Edna se convirtió en una alumna privada y Alice le daba clases en su apartamento para no tener que afrontar los temidos exámenes con jurado de la academia de piano. Recuerda cómo el piano ocupaba por completo el pequeño cuarto delantero del apartamento: «Apenas había espacio para moverse». Más tarde, Alice, con la ayuda de su cuñado, el doctor Emil Adler, pudo comprar un lugar más amplio, con una sala de estar que podía acomodar fácilmente sus dos pianos y a los invitados a los conciertos.

Como los de Alice, los padres de Edna eran de Checoslovaquia, sólo que habían huido de los nazis para construir nuevas vidas en Palestina, en 1934. Ambos eran músicos amateurs y formaban parte del gentil mundo amante de la música que era la Checoslovaquia de antes de la guerra. La madre de Edna, pianista, y su padre, violinista, conocieron a Alice en Jerusalén. También ellos habían perdido a muchos parientes cercanos en el Holocausto, entre ellos el abuelo de Edna. Los nazis le arrestaron a principios de 1940 por vender cigarrillos en el mercado negro en las calles de Brno, luchando por mantener a su familia. Después de la contienda, Edna se enteró de que su abuelo había sido asesinado en Auschwitz.

Edna era la única alumna de Alice que tenía una vaga idea del pasado de su profesora, que había oído en conversaciones de sus padres. Pero nunca habló de ello con ella porque Edna entendió que el tema estaba fuera de lugar.

Después de que Alice y Rafi se mudaran a un apartamento más grande, la pianista retomó su costumbre de antes de la guerra de celebrar *Haus-koncerte*, a los que los padres de Edna asistían regularmente. Casi siempre, Alice servía té y una de sus deliciosas tartas checas. Las discusiones siempre eran animadas y, la conversación, invariablemente, acababa girando en torno a la política local. Una o dos horas después, Alice se sentaba frente al piano y tocaba un programa formal que duraba una hora o dos. De este modo, Alice y unos cuantos de sus amigos emigrados recreaban cálidos momentos de su vida familiar en Checoslovaquia, como solía hacer en el pasado.

ESTER MARON KRIEGER

Antes de partir hacia Londres para visitar a Alice en otoño de 2010, Ester practicaba la balada en sol menor de Chopin incontables horas al día durante casi dos meses. Aunque Ester no había visto a Alice desde hacía más de cuarenta años y había interpretado la balada en conciertos infinidad de veces, estaba nerviosa al prepararse para tocar para su antigua profesora. Alice se emocionó con la interpretación de Ester. «Magnífico. Tu forma de tocar el piano nunca ha dejado de crecer», le dijo. Ester sintió la misma oleada de placer que sentía cincuenta años atrás cuando Alice aprobaba su forma de tocar.

Como Alice, a pesar de los obstáculos que la vida ha puesto en su camino, Ester, se servía entusiásticamente de la música para hacer frente a los distintos acontecimientos de su vida. Cuando en 1962 llegó su hora de cumplir sus dos años de servicio militar obligatorio, estaba preocupada por el tiempo para practicar y por estar lejos de la música. Nunca falta de ideas, preguntó si se le permitiría enseñar música durante su período de servicio. Al no tener los títulos de docencia requeridos normalmente, fue enviada a dar clases en dos escuelas en Kiryat Shmona, la ciudad más septentrional de Israel, muy cerca de las fronteras siria y libanesa. Era una zona, en aquel tiempo, considerada muy peligrosa para los profesores civiles. Ester hizo una visita a Zadik Nahamu Yona, el director de Tel Hai, en una calurosa jornada, antes del día de apertura del centro, para recibir sus instrucciones y consejo.

El director le explicó que enseñaría a los niños más pequeños: de tercero a octavo curso. La mayoría de sus alumnos hablarían francés, puesto que eran hijos de emigrantes de Marruecos, Túnez y Argelia. El director, los soldados y los profesores eran, en su conjunto, judíos inmigrantes de Europa y Oriente Medio. Admitiendo que no había recibido preparación para la docencia musical, Ester pidió ver los libros de texto y un esbozo del plan de estudios. «Lamento que no tengamos muchos libros. Disponemos de unas cuantas grabadoras, tambores y címbalos. Puede usarlos con toda libertad —le dijo el director. A continuación hizo una pausa antes de añadir—: Yo amo la música. Esos pobres niños la necesitan en sus vidas. Por favor, haga lo que pueda, pero está sola en esto.» Más tarde, Ester se enteró de que ese hombre compasivo, inteligente y con los pies en la tierra, emigrado de Iraq, no tenía título universitario. No obstante, dirigía una soberbia escuela, que servía de inspiración a sus profesores soldados y generaba un profundo amor por aprender en los niños.

Ester pensaba en Alice y en su forma de hacer surgir la música donde fuera que estuviese. «Enseñar es amor y un profesor tiene que amar enseñar.» Las palabras de Alice resuenan con fuerza en la memoria de Ester. Durante sus dos años en Kiryat Shmona, produjo conciertos e incluso un musical con decorados y vestuario con sus alumnos. «Ésa fue la mejor formación que podía tener; mucho mejor que la que podría obtener en un laboratorio de escuela de posgrado —declara—. Yo creo que la enseñanza debe perseguir siempre la mejora, esforzándose para sacar lo mejor de cada uno.» Dicha declaración, según Ester, describe la forma de enseñar de Alice. Era muy modesta y paciente mientras me animaba a intentar piezas más difíciles cada vez.»

Ester comenzó a dar clases con Alice en la Academia cuando tenía dieciséis años. Cuatro años después, y a sólo dos meses de sus exámenes de graduación, los médicos le escayolaron la muñeca derecha para corregir una lesión anterior. Le entró el pánico porque no podía practicar, pero su profesora la reconfortó, diciéndole: «No te preocupes, estarás bien. Después de que te quiten la escayola para prepararte. Te daré una clase diaria».

«Y mantuvo su palabra, trabajamos cada día, hasta que, finalmente, estuve preparada para mi examen de graduación. ¿Me permites añadir también que obtuve las mejores notas?»

Ester fue admitida con una beca completa en el Conservatorio de Música de Nueva Inglaterra, sólo para descubrir que no podría avanzar en el acompañamiento porque no se ofrecía en el programa del curso. Con la misma perseverancia que Alice, persuadió al director de la escuela para que diseñara el programa que ella quería. Lo hizo, y Ester recibió su primer grado en acompañamiento vocal. Gracias a ella, el programa sigue progresando.

La única descendiente de Ester, su hija Michal, fue educada bajo la lejana sombra de la influencia de Alice y ahora es chelista en la Haifa Symphony. Relatando su visita a Alice en septiembre de 2010, Michal dice que Alice le preguntó por qué había elegido el chelo. «Yo siempre supe que quería ser música como mi madre. Escuché a mi madre acompañando a un chelo y me encantó el sonido —respondió—. Alice me preguntó si tocaba el *Concierto* de Dvořák, y empezó a tatarear el tema», explicó a continuación. Michal le dijo que, por supuesto, lo había aprendido en la escuela, pero que no había tenido oportunidad de tocarlo con una orquesta. «Bien, ¿a qué esperas? —bromeó Alice antes de añadir—: tienes que trabajar una y otra vez en el movimiento lento. Con esta pieza, aprenderás a dominar la interpretación con orquesta tejiendo tu parte dentro y fuera; como en una conversación amorosa, nunca se dice adiós, siempre se regresa. Todo es calidez y amor, nunca airada o agresiva. Tu tono tiene que ser un rayo láser dirigido al corazón.» Entonces, cambiando de golpe de tema, Alice le preguntó a Michal si interpretaba conciertos con Ester.

«Por supuesto —respondió Michal—. Me encanta tocar con mi madre.»

Alice continuó: «Dar conciertos con mi hijo supuso una gran dicha para mí. Nada, nada me hacía más feliz. Creo que a él también le gustaba. Me sé el repertorio de chelo de memoria. Tu madre, Ester, es una excelente pianista. Ex-ce-len-te —insistió Alice, enfatizando cada sílaba. Al partir, Alice añadió—: Somos muy afortunadas. Somos las personas más ricas del mundo. Mucho más ricas que los millonarios. ¡Las personas que no conocen la música son muy, muy pobres!».

El más reciente obstáculo para Ester es afrontar la jubilación forzosa de su trabajo en el Colegio de Profesores Levinsky. De hecho, ya se ha jubilado en dos ocasiones, y cada vez la han vuelto a llamar, porque está tan cualificada que no puede reemplazársela fácilmente. En mayo de 2011, Ester presentó lo que se suponía que sería su concierto de despedida con sus actuales alumnos. Pero, como para Alice, la jubilación para Ester es altamente improbable. Ella ya ha incrementado sus horas de práctica preparando otras opciones.

Al preguntarle cuál es la lección más importante de piano que los profesores pueden impartir a sus alumnos, Alice contesta: «El amor al trabajo». Menciona que, cuando le preguntaron a Bach cómo hacía para componer una música tan maravillosa, él contestó: «Trabajo duro… cualquiera que trabaje tanto como yo tendrá éxito». Alice continúa: «Y eso vale para todos los profesores de todas las materias… Inculcar amor al trabajo, amor a practicar o a limpiar la cocina hasta que brille. Amar hacer las cosas mejor. Amar el proceso de aprendizaje. Tenemos que aprender a disfrutar del trabajo porque es bueno en sí mismo, no por el éxito que esperemos conseguir».

«Amar el trabajo» ha sido un principio que ha guiado a Alice durante toda su vida, que también ha inculcado en sus alumnos, enseñándoles a intentar perfeccionar incluso una frase corta, practicando el pasaje cientos o miles de veces hasta conseguir fluidez.

«Cuando empiezo una nueva pieza —explica Alice—, lleva tiempo hasta que, poco a poco, algunas veces tras meses, la conozco como mi nariz y puedo decir que es mía.» Alice insiste en que practica todo tipo de ejercicios para liberar su técnica. «Éste es, creo, el secreto de mi lectura. Mis ojos ven grupos de notas que mis dedos obedecen por las escalas y la práctica de todo tipo de patrones.

»Cuando realmente amas tu trabajo, eres mucho más feliz. Y estoy segura de que tus posibilidades de éxito son mayores.» Alice no sólo enseñó a sus alumnos de piano a que amaran practicar, sino que su código se extendía más allá de la música. «Disfruta incluso de las tareas mínimas —dice ella—. Ellas ayudan a superar los mayores retos de la vida.»

Alice echa la cabeza hacia atrás en una carcajada cuando encuentra una nueva solución a un difícil pasaje que ha practicado al menos durante cien años.

LA SEÑORA DEL SEXTO

La calle de tres carriles en la sección Belsize de Londres es tranquila. Robin Tomlinson, el afable gerente del bloque de apartamentos, está tomando el aire por la mañana con su perro de pelo corto cuando un paseante le pregunta de dónde sale la música.

«Oh sí. Vive en el primer piso. Toca el piano todo el día», responde Robin con su cálido acento irlandés.

Los otros inquilinos conocían a su vecina más anciana, aunque rebosante de vitalidad, como Alice la pianista. Ponen sus relojes en hora en función de su horario de prácticas. Y todos intercambian unas joviales palabras con ella cuando se la encuentran en el pasillo. Aunque saben que toca de memoria, siempre se sorprenden y les complace ver que su memoria es tan buena cuando se trata de los nombres de sus hijos, nietos y mascotas. Alice discute las últimas noticias de política internacional y siempre que ocurre algo en el mundo, «¿Qué piensa Alice?» se ha convertido en una pregunta frecuente entre los inquilinos. Saben que ella siempre tiene una opinión. Incluso los visitantes asiduos del edificio saben que allí vive una señora que se llama Alice.

Robin disfruta defendiendo los intereses de sus inquilinos. «Dirigir un edificio lleno de gente asombrosa es más que un empleo por dinero. Yo considero a mis inquilinos como mi familia. Soy responsable de ellos y de sus casas. Mi trabajo es mantenerlos felices. Si están felices, puedo dormir bien», manifiesta él.

Robin y su mujer ocupan el último piso de un edificio de cinco plantas vale donde cuidan las flores de su desmadejado jardín de la azotea y reciben amablemente las visitas de los residentes. Hasta hace poco, Alice era una visitante asidua, siempre dispuesta a disfrutar del paisaje cambiante del jardín y a sentarse, si era un día soleado, a la cálida y tonificante luz del sol. Algunas veces, había podido observar a los colibrís libando. En broma, Robin le decía a la pianista: «Esos pajaritos están haciendo un espectáculo especial para darle las gracias por su música». Alice elegía la hora del atardecer, cuando el aroma de las flores es más intenso, que le recordaba momentos similares cuando miraba al antiguo paisaje de Jerusalén desde su balcón. En la azotea de Londres, el aroma del jazmín, los lirios y las rosas era tangible. Alice amaba especialmente las rosas rojas que colgaban de la valla. Robin, algunas veces, le cortaba unas cuantas para que se las llevara para ponerlas en un jarrón sobre el piano. Alice ya no visita el jardín. Subir la escalera le cuesta mucho.

La mayoría de los inquilinos se maravillan de la música de su anciana vecina. Están asombrados de su continua dedicación a su arte. Una vez, cuando Alice fue hospitalizada por un pequeño accidente, Robin la visitó y la amenazó con enviarle el piano si no volvía pronto a casa. «Envíamelo hoy mismo —dijo ella, bromeando—. Necesito practicar.» Según la amiga y vecina de Alice, Valerie Reuben, la única vez que se detuvo la música de la checa fue cuando murió su hijo. «Temimos por su vida porque la música se había silenciado.» Varias semanas después, los inquilinos celebraron volver a escuchar el piano de Alice. Empezó lentamente, tocaba sólo cinco minutos y volvía a tapar el piano. No obstante, cuando recuperó la fuerza suficiente para empezar el día tocando preludios y fugas de Bach, uno a uno, los inquilinos le dieron las gracias por la música. No hablaban de muerte, pero Alice entendió el significado de sus palabras.

Muchos años después de que Alice se mudara, una nueva inquilina sorprendió a Robin cuando llamó a su puerta una mañana temprano para entregarle un papel. «Por favor, firme esto —le indicó—. Es en aras del mantenimiento de la cordura de todos los que viven aquí. Ese terrible piano sonando noche y día tiene que parar.»

Robin la invitó a pasar y le sugirió que hablaran en el jardín. Leyó las páginas mecanografiadas mientras subían la escalera a la azotea. Una vez fuera, Robin acompañó a la mujer a una silla. «Siéntese», le ordenó. El papel que la nueva inquilina quería que firmase y distribuyese a todos los inquilinos era una petición para prohibir que Alice tocara el piano.

Furioso, inspiró larga y profundamente antes de hablar: «Esto es indignante —comenzó diciendo. Rompió el papel por la mitad mientras hablaba—. ¿Sabe usted quién es Alice? ¿Es que no tiene corazón? De ninguna manera voy a prohibirle que toque el piano cuando quiera. Decirle que no puede tocar en su propio apartamento sería lo mismo que matarla. No —insistió, alzando la voz—. Nunca distribuiré esta horrible petición de la que usted se siente tan orgullosa. Nuestros inquilinos aman a Alice y les encanta escucharla tocar».

Años más tarde, Alice se enteró de este incidente. Nunca ha dejado de agradecérselo a Robin, a quien ella considera su «buenísimo amigo». Y al preguntarle qué le parecía su bloque de apartamentos, Alice responde: «Extraordinario —repite la palabra—. En este edificio vive gente extraordinaria. Tengo mucha suerte».

Dos de las primeras preguntas que Alice les hace a los pianistas de Nueva York que se encuentra son las siguientes: «¿Cómo son tus vecinos? ¿Puedes practicar en casa?».

15
CÍRCULO DE AMIGOS

«Siempre he hecho amigos con facilidad —expone Alice—. Cuando amas a la gente, ellos también te aman a ti.»

«Mi amigo» es una expresión que Alice nunca usa a la ligera; es, probablemente, el mayor elogio que un checo del siglo xx puede hacerle a alguien. Durante los períodos del nazismo y el comunismo, las amistades fueron puestas a prueba y podían significar la diferencia entre la prisión y la libertad o incluso entre la vida y la muerte. Además de comprensión e ideales mutuos, la amistad también implica confianza tácita. Alice conoce el valor del contacto humano cercano; ha forjado profundas conexiones a través de los lazos de recuerdos compartidos. Su mente cálida, sonriente e inquisitiva da la bienvenida a los otros, la gente se reúne a su alrededor como atraída por un imán, ya que la dicha que ella siente por estar viva es contagiosa.

Alice inspira el regalo de la amistad.

Peter Wallfisch, pianista y profesor de la Real Academia de la Música, empezó a visitar a Alice desde que se estableciera en Londres. Peter había huido de Alemania a Palestina antes de la guerra y tenía muchos amigos y un sinfín de temas de conversación en común con Alice. Su mujer, la chelista y escritora Anita Lasker-Wallfisch, era miembro fundadora de la English Chamber Orchestra.

Anita llegó a Londres en 1946, después de que el ejército británico liberase Bergen-Belsen. Había perdido a sus padres en los campos y más tarde escribiría unas memorias tituladas *Hereda la verdad*, sobre los intentos de huida de Alemania de sus padres y sus propias experiencias en Auschwitz.

La música era el lazo más obvio entre Alice y Anita, pero el profundo entendimiento entre ellas se desarrolló a partir de sus comunes experiencias pasadas. Tanto Anita como su marido eran de Breslau, una ciudad conocida por su amor a la música. La propia Alice no era extraña a Breslau, ya que había tenido un gran éxito en los varios conciertos que había celebrado en esa ciudad medieval en el extremo oriental de Alemania. Como ocurriera en la familia de Alice, la música se recuperó en el hogar de los Lasker. La madre de Anita, Edith, era una hermosa violinista, y sus tres hijos tomaron clases de música. Una de las hermanas de Anita, Marianne, consiguió llegar a Inglaterra poco antes del comienzo de la guerra, pero Anita y su hermana

Renata fueron arrestadas por la Gestapo y deportadas a Auschwitz.

Al igual que los Herz, los Lasker ofrecían tardes de música de cámara casi todas las semanas, así como tardes de discusiones literarias, acompañadas de café y tarta, los sábados. A pesar del miedo y la privación de los últimos meses que estuvieron juntos antes de ser deportados, el padre de Anita, el doctor Alfons Lasker, leyó *Don Carlos* en voz alta a su familia y comenzó *Fausto*, de Goethe. En una carta dirigida a Marianne en Londres en 1941, la madre de Anita escribió: «¡¡¡Nunca supimos lo maravilloso que era todo entonces!!! ¡Bueno, quizá, a pesar de todo, los cinco volvamos a sentarnos en torno a una acogedora mesa algún día!».

Cuando Anita habla de la guerra, dice: «El chelo me salvó la vida. Literalmente. —Continúa explicando—: Cuando los prisioneros llegaban a Auschwitz, inmediatamente eran sometidos a una especie de ceremonia de iniciación en la que les afeitaban la cabeza y les tatuaban un número identificativo en los brazos. Esta tarea era desarrollada por prisioneras mujeres. Yo esperaba acabar en las cámaras de gas, ya que eso era Auschwitz. Cuando uno de los prisioneros me preguntó: "¿A qué te dedicas?". La respuesta que salió de mi boca: "Toco el chelo", era completamente ridícula. Acababa de cumplir diecisiete años y no tenía otra ocupación que la de estudiante. Aquel prisionero susurró: "Gracias a Dios, te salvarás. La orquesta femenina Auschwitz-Birkenau necesita una chelista"».

Anita fue conducida ante la directora de la orquesta, Alma Rosé, una famosa violinista de Viena sobrina de Gustav Mahler, para una audición. Aunque Anita no había tocado o tan siquiera visto un instrumento desde hacía más de un año, fue aceptada como la única chelista de la orquesta. El conjunto de muchachas no tenía nada que ver con una orquesta sinfónica tradicional. Rosé hizo arreglos para que pudieran interpretarse las piezas con los instrumentos disponibles —flautas, mandolinas, guitarras, acordeones, un bajo doble, una flauta y un chelo— y las diferentes habilidades de los músicos. Hizo ensayar a «sus muchachas» con intransigente disciplina, intentando hacer de cada interpretación una experiencia musical. Tocaban a las puertas del campo cuando las masas de prisioneros eran conducidas al trabajo por la mañana temprano y, también, al anochecer, cuando los prisioneros volvían a entrar en el recinto amurallado. Además de estas marchas bajo la lluvia y la nieve, ocasionalmente también tocaban valses y otras piezas para eventos nazis. «Tal como les gustaban las cosas a los nazis, ordenadas y limpias», aclara Anita.

Un día, cuando ya llevaba algún tiempo en la orquesta, el infame médico Josef Mengele entró en su barraca y pidió que tocaran *Träumerei* de Schumann. Anita se sentó con su chelo y tocó la pieza.

Cuando el tifus asoló Auschwitz, Anita contrajo la enfermedad y la pasó en lo que llamaban enfermería. Estaba al borde del delirio a causa de la fiebre cuando vio a algunos miembros de la Gestapo que señalaban a los pacientes que iban a recibir inmediatamente «tratamiento especial»: la cámara de gas. Cuando los soldados estaban a punto de llevársela, escuchó que un oficial gritaba: «¡No, ésa no, es chelista!». En ese momento, Anita se dio cuenta de que, aunque hubiesen reemplazado su nombre por un número, aún conservaba su identidad.

En Londres, Anita estaba ocupada con su orquesta y su creciente familia de distinguidos músicos. Su nieto Benjamin Wallfisch es un notable director y compositor, y su hijo, que tiene el mismo nombre que el único hijo de Alice, Raphaël, es un chelista de fama internacional. Alice visitaba a menudo a Anita y la acompañaba mientras cuidaba a uno de sus nietos. Las dos mujeres discutían a menudo de música y compartían recuerdos, con una taza de café y un trozo de tarta, en el jardín de Anita. La anciana pianista amaba de un modo especial aquellas tardes de principio de verano, cuando la suave brisa barría las pequeñas flores blancas de los arbustos de falsos naranjos. Después de la muerte de Rafi, Anita inició el hábito de cruzar Londres en coche los sábados por la tarde para pasar unas horas con su amiga. No hablaban mucho y raramente mencionaban el pasado, solían jugar al Scrabble en inglés. Anita espera con interés esos sábados con Alice.

Alice afirma efusivamente: «Geneviève es la mejor nuera del mundo. —Y con mayor énfasis, añade—: ¡Extraordinaria!». Devolviendo el halago, Geneviève afirma: «Pero tú eres la mejor suegra». Los amigos coinciden en que ambas deben de estar en lo cierto. Más de diez años después de la muerte de Rafi, Geneviève sigue sintiendo una profunda devoción por Alice. Ella ha desempeñado un importante papel en la protección de la independencia de su suegra. Cuando alguien le pregunta por las preferencias de ésta, Geneviève normalmente responde: «¿Por qué no le preguntas a Alice?».

A pesar de su horario de prácticas diarias y de las responsabilidades de enseñar chelo en la École Normale de Musique, en París, durante la semana, Geneviève viaja regularmente a Londres los fines de semana para pasar tiempo con su suegra. Allí también da clases los sábados, en la Guildhall Junior School of Music de la capital inglesa. Y siempre que otros compromisos —dirigir el festival de música que fundó con su marido en Gex o formar parte de tribunales de examen en el conservatorio, por ejemplo— la impiden estar con Alice, se mantiene constantemente en contacto con ella por teléfono. Cuando está en Londres, Geneviève se acerca a menudo al piso de la anciana para ejercer como de ama de casa y realizar una limpieza en profundidad, algo por lo que su suegra le está muy agradecida.

WENDY

A sus noventa y un años de edad, Wendy, la excéntrica inglesa Wendy —nadie parece conocer su apellido—, es conocida por su buen corazón. Nadie sabe si alguna vez estuvo casada, divorciada o viuda, o si es rica o pobre. Hablando, da la impresión de ser una creación de su propia imaginación; en la práctica, no obstante, Wendy atiende a personas y, en ocasiones, salva vidas. Alta y de huesos largos, con el pelo oscuro y largo, salpicado de mechas blancas, recorre los barrios de Londres en su bicicleta, haga el tiempo que haga. Y escribe poemas que recita en voz alta en los cumpleaños para aquellos que tienen la paciencia de escucharla.

Wendy llevaba años ojeando en las librerías del barrio y, como tantos otros, sintió curiosidad por la música que emanaba de la ventana del edificio de Alice, cuando pasaba por allí, a la misma hora cada mañana. Emprendió su propia investigación, preguntando a todos los que salían del edificio si conocían al pianista. Descubrió que la música procedía de la vivienda de una mujer europea de avanzada edad y, una mañana, esperó a que ésta cesara. Una mujer menuda apareció al otro lado de la puerta, y Wendy le preguntó: «¿Es usted, por casualidad, la señora Sommer?». Leal a su generoso espíritu, Alice la invitó a que volviese a tomar el té esa misma tarde. Desde aquel primer encuentro, Wendy ha seguido acudiendo casi todos los días; a menudo, como un médico haciendo la ronda, se detiene cinco minutos para ver si Alice necesita algo. Un día de principios de julio, por ejemplo, Wendy apareció, o «se plantó», como dicen los ingleses, en el apartamento de Alice, con una falda larga de flores con colores brillantes y un top de algodón de color naranja, sin mangas. Estaba haciendo una de sus rondas de visitas diarias para ver cómo estaban sus amigos ancianos, y Alice estaba en su descanso de las cinco en punto. Ésta la presentó a los demás invitados que estaban de visita como Wendy *la Poeta* y la invitó a recitar uno de sus extensos versos.

Hace unos años, cuando Alice tenía ciento cuatro años, se cayó en uno de sus largos paseos y tuvo que ser hospitalizada durante unas cuantas semanas a causa de las contusiones. El día que regresó a su apartamento, Wendy le hizo su visita de última hora de la tarde y se quedó sorprendida al ver que estaba sola. Puesto que era de la opinión de que no debía estar sola esa noche después de su odisea, dado el poco espacio del piso de una habitación de Alice, Wendy durmió en una silla, al lado de su amiga; esa noche y todas las de las siguientes dos semanas.

A principios del otoño de 2010, sólo una semana antes de que Alice cumpliese ciento siete años, Wendy, en su ronda habitual, encontró a Alice tendida en el suelo, incapaz de moverse. Wendy entró en acción y alertó a los servicios paramédicos, quienes llevaron a Alice a un hospital a toda prisa. Había sufrido un pequeño ataque y fue tratada y dada de alta pocos días después. Desde entonces, Wendy ha incrementado sus visitas a dos veces al día. No obstante, la inglesa, como persona, sigue siendo un misterio; Alice no tiene idea de dónde vive ni tiene su número de teléfono.

EDITH STEINER-KRAUS

Si bien Wendy es un gran enigma para Alice, Edith Steiner-Kraus es todo lo contrario. Alice la conoce desde hace más de setenta años. No sólo se habían conocido en Praga antes de la guerra, sino que además ambas sobrevivieron a Theresienstadt juntas e inmigraron a Israel. Alice intercambia llamadas de teléfono regularmente con Edith, que todavía vive en Israel. Nunca se olvidan de llamarse en sus respectivos cumpleaños. Y Edith es quien mantiene a Alice al día de la política israelí y de las propuestas de paz.

Nacida en Viena de padres checos, Edith es siete años más joven que Alice. Cuando tenía seis años, su familia regresó a Karlovy Vary, conocida como Carlsbad, una pequeña ciudad, de Bohemia, famosa por su balneario. Poco después de empezar a tomar lecciones de piano, Edith fue reconocida como una niña prodigio e invitada a interpretar un concierto ante celebridades. Alma Mahler la escuchó casualmente y quedó tan encantada con la muchacha que la recomendó a su amigo pianista, Artur Schnabel. Aunque al principio se mostró escéptico por su juventud, después de una audición la aceptó como la alumna más joven en sus clases magistrales de Berlín.

Como Alice, Edith estaba forjando una sobresaliente carrera en Praga y sus alrededores cuando comenzó la guerra. Alice todavía recuerda la primera vez que escuchó a la delgada y hermosa mujer tocando las danzas de Smetana. «Era una gran pianista», afirma con admiración. Cuando ella y su marido fueron deportados a Theresienstadt, Edith continuó practicando en su piano una hora al día e interpretando siempre que tenía ocasión. Viktor Ullmann convenció a Alice para que tocase el estreno de su *Sexta sonata para piano*, compuesta en ese campo de concentración. Más tarde, en Israel, donde también dio conciertos, Edith fue reconocida como experta en Ullmann y frecuentemente interpretaba sus ocho sonatas.

Edith inmigró a Palestina con su segundo marido y su pequeña hija en 1946. Después de trabajar en un taller de corbatas, finalmente le concedieron una plaza como profesora de piano en la Academia de Música de Tel Aviv. Cuando Alice llegó, tres años después, estaba bien establecida y con posibilidad de ayudarla. Juntas de nuevo, continuaron con su amistad personal y musical. Desgraciadamente, antes de que Alice partiera de Israel hacia Inglaterra, Edith sufrió un ataque que la impidió volver a tocar. Durante algún tiempo, continuó dando conferencias, a pesar de que su vista le fallaba. Ahora está casi ciega.

Su profunda y permanente conexión con la música continúa siendo sustento de vida para estas dos mujeres. Y ambas entienden la importancia de la soledad. Para ellas, soledad no es sentirse solo: es la tranquilidad necesaria para escuchar. En soledad, invocamos desde las profundidades de nuestras almas aquellas visiones y memorias que están más allá de lo visible o lo verbal. Es en la quietud de la soledad donde un artista puede volverse más creativo. Como artistas, Alice y Edith han comprendido que el mundo puede ser un lugar solitario. Pero cuando hay alguien, aunque sólo sea una persona, que comparte nuestro pasado, nuestra perspectiva, pensamientos y sentimientos, esa soledad se hace añicos. Para Alice, Edith es una de esas escasas personas.

VALERIE REUBEN

«Los ingleses no preguntan —observa Alice—. Son muy educados, pero no preguntan. Todo el mundo decía que Valerie era británica. Habla un perfecto inglés.» No obstante, un día Alice le preguntó dónde había nacido. Valerie le explicó que sus ancestros eran de Rumanía y Polonia, pero que ella y sus padres habían escapado de las garras de Hitler porque todos habían nacido en Inglaterra.

De edad indeterminada, delgada, vestida y peinada elegantemente, Valerie Reuben, una de los principales miembros del comité de inquilinos de su edificio de apartamentos, ha cuidado y ayudado a Alice en infinidad de cosas desde que ésta se mudó a Londres. Cambió enormemente su rutina cuando la introdujo en la Universidad de la Tercera Edad. Iban juntas a las clases y continuaban sus discusiones en casa.

«Nunca he conocido a nadie como Alice —reconoce Valerie—. Tiene un carácter muy fuerte y siempre tira para adelante. Yo intento ayudarla pero me doy cuenta de que recibo mucho más, simplemente estando en su notable presencia.» Valerie añade que Alice la sorprende algunas veces con un toque de humor travieso. «Una vez, cuando le dije que estaba haciendo las maletas para irme de vacaciones, vino a mi piso para ver la ropa que iba a llevar y comentó todas las prendas que me llevaba.

»Ahora, bien entrada en la centena, me preocupo por ella y voy a ver cómo está más a menudo que antes. Conocerla no sólo es un placer, sino un privilegio.»

ZDENKA FANTLOVA

Alice describe a Zdenka Fantlova como «mi buenísima amiga de los domingos. Viene todos los domingos y pasa conmigo toda la tarde». Una jovencita de sólo noventa años, Zdenka tiene el aspecto de una hermosa mujer checa madura. Encuentra todos los posibles atajos en el laberinto de estrechas y tortuosas calles de Londres para conducir desde su apartamento, frente al Hyde Park, hasta la casa de Alice, en Hampstead, cada semana.

Zdenka es la mejor amiga checa de Alice en Londres. Nacida en una ciudad de tamaño medio a cierta distancia de Praga, también es una superviviente. Sólo por suerte, juventud y buena salud, consiguió sobrevivir primero a Theresienstadt y luego a Auschwitz, Gross Rosen Mauthausen y Bergen-Belsen. Después escribió unas memorias sobre su vida bajo el yugo nazi que tituló *El anillo de hojalata*.

En Theresienstadt, Zdenka escuchó a Alice tocar todos los estudios de Chopin en un concierto. Recuerda que la música la transportó fuera del tiempo y el espacio. «Durante el tiempo que duró el concierto, pude imaginar que la vida era normal y que pronto volveríamos a nuestra casa y a nuestra vida familiar. Significó mucho para mí, pero yo era una muchacha y no me atrevía acercarme a Frau Sommer», recuerda Zdenka.

«Después de la guerra, cuando estaba recuperándome en Suecia, vi en el periódico que Alice iba a celebrar un concierto en Estocolmo. Nada podía impedirme asistir. Alice abrió con la sonata *Appasionata*. Una vez más, me quedé hipnotizada por su forma de tocar y sentí el deseo de conocerla.»

A pesar de que estuvo esperando un largo rato después del concierto entre una masa de simpatizantes, finalmente, su extrema timidez le impidió saludar a la pianista. Cuarenta años después, Zdenka se convirtió en una actriz bastante conocida en Australia, se casó y tuvo una hija, antes de volverse a encontrar cara a cara con Alice, en la década de los ochenta.

Zdenka y su marido decidieron establecerse en Londres y se mudaron a un espacioso apartamento en el extremo oeste de la ciudad. Echaba de menos Europa y quería estar más cerca de las piezas de su pasado. Además, había vivido tantos años en un país de habla inglesa que vivir en Gran Bretaña parecía lo más cómodo, a un corto vuelo o una noche de tren del continente. Finalmente, conoció a Alice por medio de una amiga checa común que la llevó una tarde a visitarla, poco después de que llegara a Londres. Ese día, la pianista tocó un vals de Chopin para ella. Zdenka estaba extasiada con la música y los recuerdos.

Después, Alice le daría clases de piano a Zdenka. Hasta casi cumplir los cien años, Alice emprendía el viaje en metro hasta el apartamento de Zdenka cada semana, a pesar de que ésta intentó proporcionarle un medio de transporte. Alice siempre se negó, diciendo que prefería la emoción del metro. Enseñaba a Zdenka con el mismo cuidado y le exigía el mismo elevado nivel que a sus alumnos más profesionales. Las clases siempre acababan al estilo checo, con café, pasteles y bollitos con semillas de amapola. Algunas veces, especialmente en verano, en la estación de las bayas, Zdenka preparaba *palacinke*, que a Alice le entusiasmaba, unos pequeños y finos panqueques con fresas silvestres y nata batida por encima. Mientras discutían sobre los libros que estaban leyendo o Alice intentaba que Zdenka se interesara en sus clases de filosofía, recordaban los tiempos de su juventud.

Después de la muerte de Rafi, las clases de piano de Zdenka se interrumpieron y el encuentro del café se trasladó al apartamento de Alice. No obstante, cada domingo, Zdenka pasa la mayor parte del día con su amiga. Lleva deliciosas especialidades checas hechas en casa y Alice prepara el té. La longeva dama disfruta de esas horas que pasa hablando el checo de su niñez y poniéndose al día de las noticias. Aunque no hablan de los años de la guerra, a Alice le encanta escuchar historias sobre el padre de Zdenka, Arnošt Fantl, y leer sus diarios, de los que emana práctica sabiduría. Alice coincide con la mayoría de sus pensamientos. Sin embargo, sus palabras favoritas son: «Nunca intentes tener demasiado de algo en la vida, justo lo que necesitas y un poco más. Cuando mueras, lo único que te llevarás contigo será aquello que le hayas dado a otras personas». Hombre de negocios de profesión, nunca dejó que mientras crecían sus hijos el trabajo le impidiera estar con ellos todas las tardes a las siete para cenar. Para Alice, Zdenka es un recordatorio de lo que solía llamar «hogar».

Aunque Alice ya no se aventura a salir, se ejercita caminando con sus amigas por el pasillo del edificio. Nunca se queja. Como aprendió hace mucho tiempo: «Quejarse no ayuda. Sólo hace sentirse mal a todo el mundo». No es sorprendente que los amigos se despidan de ella sintiéndose renovados y, a menudo, elevados.

Anita, Geneviève, Wendy, Edith, Valerie y Zdenka se han convertido en la familia sustituta de Alice y en sus cuidadoras, que le dedican todo el tiempo que sea necesario, velando por ella, ayudándola a proseguir con la vida independiente que conoce y ama. Y no se van con las manos vacías. Cada una de las mujeres proclama una y otra vez lo mucho que Alice le ha dado a ella; cada una de ellas ha recibido su inspiración, a su manera, cada una de ellas ha sido tocada por una fresca dosis del «sí» de Alice a la vida.

Agradecida con sus amigas, Alice es perfectamente consciente de que el contacto humano, en todas sus abundantes formas, indudablemente te mantiene humano.

ALICE EN LA ACTUALIDAD

*«La vida de aquel que trabaje y esté contento será
dulce.»*

Ecclesiastes

Hace dos o tres años, Alice acababa sus llamadas de
teléfono conmigo con las palabras «Ven pronto a Londres», y un toque de su humor checo: «Nunca se sabe
si estaré aquí». En Acción de Gracias del 2010, me
apresuré a poner el ineludible pavo con patatas en el
horno para la cena de celebración, antes de partir
para el aeropuerto. Era la primera vez en mi vida que
abandonaba a mi hija en nuestra fiesta favorita. La familia y los amigos llegaron cuando estaba acabando
de hacer las maletas. Recordándoles que cuidaran al
pájaro, salí corriendo para llegar justo a tiempo para
tomar el vuelo de la tarde. La hora de llegada eran las
seis y cuarto de la mañana siguiente, el 26 de noviembre, el día en que Alice cumplía ciento siete años.

La mañana de su cumpleaños, Alice se despertó pronto a la brillante luz de otoño. El cielo de Londres era de una claridad azul brillante, inusual en esa época del año. Le recordaba la luz azul metálica en los ojos de Kafka y sus formas de entender cómo encontrar el lado bueno de todas las cosas. Su día empezó a las ocho y media, antes de lo usual, practicando una invención de Bach. Una hora después, tuvo que dejarlo para atender los preparativos para los invitados, que seguro que acudirían. No se había planeado ninguna celebración, no se habían enviado invitaciones ni se había encargado ninguna tarta, pero Alice sabía que un sinfín de amigos, conocidos, desconocidos y miembros de la familia se pasarían por su casa. Como no tenía otra cosa que servir, colocó en platos todos los bombones de dos cajas que había recibido como regalo de cumpleaños anticipado. Después de colocar, uno a uno, los platos en la mesa de centro, frente a su silla, Alice se echó un colorido chal sobre los hombros y se puso un collar de pequeñas cuentas de marfil. Abrió el cerrojo de la puerta de su apartamento y la dejó entornada en espera de los que fueran a visitarla.

Uno de los primeros en llegar fue su nieto mayor, David, cuya sonrisa era acorde con el estado de ánimo del día. David tuvo que marcharse corriendo a la oficina, pero Alice estaba claramente emocionada de verlo, aunque sólo fuera por unos minutos. Se lanzaron besos desde lados opuestos de la sala. La amiga de Alice, Sonia Lovett, con permiso de ésta, colocó, discretamente, una cámara para grabar el día especial y la felicitó por su cumpleaños de parte de su padre. Chelista en el famoso Amadeus Quartet, el padre de Sonia conoció a Alice en Londres, pero el padre de éste, también chelista, era muy amigo de Alice en Israel.

Hacia las diez de la mañana, Zdenka entró del brazo de un hombre más joven con el ramo de rosas de tallo más largo que Alice había visto jamás y con unas flores tan grandes que, al principio, Alice creyó que Zdenka le había traído flores de papel. No podía dejar de hablar de ellas y quería saber dónde habían crecido. También tenía interés en saber más acerca del amigo de Zdenka, Tomas Schrecker, que había ido de visita desde Australia. Había sido uno de los niños de los Winton Kinder-transports, en 1938, que llevaban a los niños judíos de Praga a vivir con familias de acogida en Inglaterra.

Uno a uno, los amigos y conocidos de Alice siguieron desfilando por su pequeño apartamento. Cuando Zdenka le dirigía un apresurado adiós, Christopher Nupen, director de cine, y su esposa llegaban con dos jóvenes pianistas, ambos alumnos extranjeros de la Royal Academy. La pequeña habitación, entonces, estaba rebosante. La conversación era constantemente interrumpida por las muchas llamadas telefónicas de simpatizantes de todo el mundo. «*Hello!*», contestaba Alice en inglés. Después, su cara se iluminaba con una sonrisa al reconocer la voz y acto seguido continuaba hablando en la lengua del que llamaba. La mañana acabó con los alumnos tocando duetos en su piano algo desafinado. A pesar de toda la atención, Alice se despidió de sus visitantes para poder tomar su almuerzo, traído, como de costumbre, por un servicio de comidas a domicilio y, luego, descansar.

La tarde trajo otra ronda de visitantes. Geneviève llegó de París y, poco después, apareció Anita con el regalo de unas cálidas zapatillas que Alice se podía poner sin agacharse para atárselas, como haría, con dificultad, hasta entonces. La conversación era íntima y tranquila, mayormente versaba sobre música. Cuando ésta se desvió hacia la dificultad de explicar a los jóvenes de hoy el sentimiento que tantos tenían por la gran música, medio siglo atrás, Alice, en seguida, les recordó algo que Frank Kafka había escrito: «Nuestro arte consiste en ser deslumbrados por la verdad». Pero, Kafka, en realidad, no sabía nada de música, coincidió el grupo. «Sí —respondió Alice, sonriendo—, pero entendía nuestro respeto por la música. A menudo, solía decir: "Escribir es una forma de oración. Escuchar música, tocar conciertos, incluso practicar es una forma de oración".»

La gran tarta decorada con chocolate que Sonia consiguió encontrar en una pastelería cercana era la favorita de Alice, y después de soplar sus muchas velas con éxito, Alice tomó el primer trozo. Más tarde, recibió a otro grupo: una pareja de ancianos, supervivientes, acompañados por sus hijos, que querían honrarla; un compositor amigo, y la vecina de Alice Valerie Reuben. Como la habitación estaba llena, varias personas tenían que esperar pacientemente en el pasillo su turno para hablar con Alice. Jacqueline Danson condujo más de cien kilómetros desde su casa en Hampshire para llevar a su madre, Ruth, a ver a Alice. Después, Jackie comentaría que la «impecable dulzura» de Alice era tan alentadora como siempre. Desde su temprana infancia, Ruth Boronow Danson ha conocido y amado a Alice. Como Anita, se crió en Breslau, donde su madre, Kaethe, era profesora de piano. El padre de Ruth, el difunto doctor Ernst Boronow, dentista e intelectual de renombre, patrocinó el concierto de Alice en la ciudad. A través de su profundo amor a la música, Ernst se convirtió en uno de los mejores amigos de Alice. Fue arrestado en Kristallnacht y encarcelado en Buchenwald durante un corto período, y luego liberado. El doctor Boronow no perdió tiempo y huyó a Inglaterra en marzo de 1939 con su familia. Alice volvió a establecer contacto con Ernst y sus hijos cuando visitaba Londres en los sesenta.

Ruth recuerda claramente cuando la llevaron al concierto de Alice en Breslau, en 1927. Jackie dice que cuando su «Opa» (abuelo) estaba escuchando a Alice practicar o incluso una grabación fonográfica en la emisora de radio, «entrar en la habitación era como entrar en una sinagoga o una iglesia».

A las cuatro y cuarto, el embajador checo en Gran Bretaña, Michael Žantovský, llegó con su mujer y un enorme y elegante ramo de flores rosas y blancas. El embajador intentó hacer una entrega formal de un premio que llevaba consigo, pero Alice lo interrumpió repetidamente. En un momento dado, haciendo gala del humor que la caracteriza, comentó que estaba más interesada en entender cómo funcionan los genes que en ser objeto de actos protocolarios. Žantovský, entonces, intentó utilizar términos musicales para describir cómo dos genes pueden encontrarse accidentalmente, entrelazarse y, al fin, acabar su juego convirtiéndose en una melodía completamente nueva. Comenzó su discurso de nuevo: «Como representante permanente de la República Checa, he venido hoy en representación de mi gobierno para...», sólo para volver a ser interrumpido otra vez por Alice, que había quedado insatisfecha con su explicación de lego. «¿No hay nadie en esta habitación que entienda de genes? Yo sé que cuando mi marido y yo hicimos un bebé, ese niño heredó nuestros talentos musicales a través de nuestros genes. Pero ¿cómo? Yo quiero saber cómo funcionan los genes y por qué a veces no funcionan.»

«Alice —le dijo el embajador Žantovský, acariciando el dorso de su mano—, por favor, déjeme hacer mi presentación y yo le prometo que enviaré a un gran genetista checo a visitarla que podrá contestar a todas sus preguntas. Ahora ¿puedo presentar el premio?» Incorregible, la anciana miró al embajador y le preguntó: «¿Quién le obligó a hacer esto?». Siempre un consumado diplomático, él respondió: «Alice, este premio es un presente para usted de mi gobierno. Ahora, por favor, no me interrumpa, déjeme hacer mi presentación para no perder mi trabajo». Ambos se rieron, y la homenajeada, finalmente, permitió al embajador acabar su breve discurso ante el reducido grupo de amigos en la pequeña habitación.

El premio era la medalla Artis Bohemiae Amicis del 2010, concedida por el Ministerio de Cultura de Chequia por la promoción de la cultura checa en el exterior. En su discurso, el embajador Žantovský mencionó que su abuela también había sido prisionera en Theresienstadt y que, probablemente, habría escuchado los conciertos de Alice en el campo. Asimismo explicó que antes de ser destinado a Londres había ejercido como embajador de Israel. Al final, abrió la caja, que contenía una impresionante placa de bronce en la que había una cita grabada para Alice.

De nuevo, se volvieron a encender las velas y todo el mundo cantó *Cumpleaños feliz* en una cacofonía de checo, hebreo, alemán e inglés. Alice empezaba a estar cansada por las emociones de día.

La experiencia del Holocausto afectó a cada superviviente y familia de formas diferentes. Elie Wiesel se ha pasado toda la vida pensando en la locura total que presenció día tras día, el mal que destruyó a su familia y millones de personas judías. Lo ha discutido con Dios y concluido: «Dios es el silencio de Dios». Alice está de acuerdo con Wiesel y con Einstein, que dijo que creía en «el dios de Spinoza que se revela en la ordenada armonía de lo que existe, no en un dios que se implica en el destino y los actos de los seres humanos». Alice habla del final de su vida y la conciencia de que ella, al igual que todos nosotros, es una pequeña partícula en la infinidad de Dios o lo que llamamos el universo. Alice está segura cuando afirma: «He vivido en la música y moriré en la música», que es su manera mortal de conectar con la infinidad.

Alice tiene la capacidad de dejar el pasado atrás: saca su fuerza de vivir en el presente. Después de la Revolución de Terciopelo de 1989, cuando el gobierno comunista de Checoslovaquia fue derrocado y Václav Havel se convirtió en el primer presidente de la Checoslovaquia libre, se pudo volver a viajar allí sin restricciones. Los antiguos prisioneros de Theresienstadt empezaron a organizar y celebrar ceremonias en el recinto. Año tras año, cientos de supervivientes se reunían en ese campo; se celebraron interpretaciones de *Brundibár* y el *Réquiem* de Verdi en el antiguo hipódromo. Alice nunca asistió. Ella nunca ha querido regresar al país donde naciera. Los checos todavía tienen que recuperar su ciudadanía. Su pasaporte refleja su ciudadanía israelí, y tiene la residencia permanente en Gran Bretaña. Éste es el presente de Alice.

Aun así, el premio del Ministerio de Cultura de Chequia tiene significado para ella y evoca hermosos recuerdos de «cómo eran las cosas». Qué orgullosa habría estado su madre por el reconocimiento formal del gobierno a su hija.

Alice llegó a mi vida en el momento que yo más necesitaba su inspiración y más abierta estaba a aprender de ella. Mi visión no era lo que solía ser. El día más brillante me parecía brumoso. Y entonces, tropecé con ella y el evento tuvo un efecto milagroso en mí. Estaba haciendo un documental sobre Alice, que por entonces sólo tenía ciento tres años. Habíamos pasado la mayor parte de la tarde filmando y, después, en un restaurante, yo no encontraba mis gafas para leer el menú. Asumiendo que se me habían caído de la cabeza en el minúsculo apartamento de Alice, le pedí a un joven asistente, Sean, que las recuperara. Volvió con las manos vacías, explicó que no había encontrado las gafas por ningún lado y que debía de haberlas perdido en alguna otra parte.

Cuando fui a entrevistarla al día siguiente, Alice estaba esperando en la puerta. Con una amplia sonrisa, me anunció: «He encontrado tus gafas esta mañana». Mientras me las daba, mencionó que también había encontrado uno de los cristales, que se había caído.

Me resultaba difícil creer que los ancianos ojos de Alice fuesen más agudos que los míos o los de Sean. Entonces comprendí que no se trataba sólo de un par de gafas y la capacidad de ver bien o, incluso, de no ver en absoluto.

La visión de esta longeva anciana ha hecho que me sea posible enfrentar la mayor prueba de mi vida, la enfermedad de mi única hija. Fue un golpe que me obligó a afrontar los límites de la existencia y a encontrar fuerza y calma en el ejemplo de Alice. Su capacidad de aceptar la realidad sin dejar que la frustración o la ira dominen ni siquiera unos segundos, teniendo el coraje de confiar en sus propios instintos en vez de depender de la aprobación de los otros, y aferrarse con fuerza a la esperanza sigue causando efecto en mi interior. Y, sí, ahí está la risa de Alice, una risa efervescente que aflora a diario. Mucho antes de las modernas exploraciones de las posibilidades terapéuticas de la risa, Alice entendió sus enormes beneficios, ya que cuando nos reímos el cuerpo toma más oxígeno. Su risa es una bendición que ha hecho que, tanto yo como muchos otros, nos sintamos mejor; su influencia me ha guiado a una vida con más paz, con una visión más clara y satisfacción y gratitud por la vida en sí.

Cuando llegó la mañana después de la celebración del cumpleaños, Alice está de pie frente al alféizar de su ventana, sobre el que hay una hilera de pequeñas plantas, regalos de desconocidos. Al mirar hacia afuera, percibe vislumbres de los colores del final del otoño y de la, perennemente, verde hiedra; trocitos del mundo natural que son muy parte de ella. «Mira, qué hermoso. Naturaleza», me dice ella. Citando su propia traducción de Spinoza, Alice asevera: «Nosotros somos naturaleza. Dios es naturaleza. —Se detiene para reflexionar—. Es imposible creerlo, tengo ciento siete años. Sabes que soy muy independiente y tengo la libertad de pensar por mí misma. Me siento muy feliz por haberme despertado hoy».

———◆———

Cuando escribo esto, Alice Herz-Sommer acaba de celebrar su centésimo octavo cumpleaños. Ella sigue practicando y puliendo su repertorio con una concentración milagrosa, siempre buscando esa elusiva perfección. Uno de sus visitantes, recientemente, le preguntó por qué se pasa tanto tiempo practicando las mismas piezas. Cruzando los brazos, le miró directamente a la cara. «Soy artista. Algunos días me admiro a mí misma. "No está mal", pienso. Pero, cuanto más trabajo, más cuenta me doy de que sólo soy una principiante. No importa lo bien que conozca la obra de Beethoven, por ejemplo, siempre puedo profundizar más y más. Una de las recompensas de ser músico es que puede practicarse la misma pieza de música y descubrir nuevos significados sin aburrirse durante al menos cien años. Yo estudio el lenguaje de la música con el mismo fervor que los eruditos al reexaminar las Sagradas Escrituras. El trabajo del artista no se acaba nunca. En la vida ocurre lo mismo. Sólo podemos luchar por lo correcto. Como en la música, busco significado. Practico vida.»

Stefan Zweig se maravillaba de que, durante la primera mitad del siglo xx, el hombre realizara lo que hasta entonces había sido imposible: la conquista del aire, la transmisión por radio de la palabra humana, la división del átomo, la cura de las más horribles enfermedades. Escribió: «Hasta nuestro tiempo, la humanidad, en su conjunto, no había tenido un comportamiento tan infernal ni había alcanzado tantos logros divinos. —Zweig continuaba—: Nuestra mayor deuda de gratitud es con aquellos que en esos tiempos inhumanos confirman el humano en nosotros». Como testigo del siglo xx, Alice ha vivido a través de los extraordinarios logros culturales y científicos de los que Zweig daba noticia; ella ha disfrutado de las mayores recompensas que la civilización puede ofrecer: el poder de la música, la literatura, la innovación tecnológica, la ciencia y la filosofía para sacar lo mejor de la humanidad, y ha sobrevivido a la mayor degradación del espíritu humano que ha conocido el mundo occidental. Y, sin embargo, sumergiéndose en el arte mientras se mantiene fuertemente conectada al mundo a su alrededor, a su música y a lo que Kafka llama ese algo «indestructible» en el fondo de su ser, Alice ha encontrado felicidad permanente, algo que para todos nosotros puede ser la fuente definitiva de la juventud eterna.

EN PALABRAS DE ALICE

Soy tan mayor porque utilizo mi cerebro constantemente. El cerebro es la mejor medicina para el cuerpo.

Sólo cuando somos viejos nos damos cuenta de la belleza de la vida.

La gratitud es esencial para la felicidad.

El sentido del humor nos mantiene equilibrados en todas las circunstancias, incluso la muerte.

Quejarse no sirve de nada. Sólo hace que todos se sientan mal.

La risa es maravillosa. Hace que tú y los demás os sintáis felices.

Ama el trabajo. Cuando amas tu trabajo, nunca te aburres. El aburrimiento es insalubre.

Cuando amamos nuestro trabajo, podemos experimentar un sentimiento de satisfacción con cada pequeño logro.

Generosidad sobre todo.

La escuela es importante, pero lo que los niños aprenden en la atmósfera de sus hogares lo conservan toda la vida. La hermosa atmósfera intelectual y musical de mi infancia me ha sustentado hasta hoy.

La escuela sólo es el principio. Podemos aprender toda nuestra vida.

Yo crecí con amistad. Me enamoré de la mente y los conocimientos de mi futuro marido. En el matrimonio, la amistad es más importante que el amor romántico.

Yo nunca me canso porque mi mente es activa.

Mantente informado. La tecnología es maravillosa.

Aprendí a seguir adelante con esperanza.

Los niños necesitan amor incondicional para crecer y desarrollarse como seres humanos completos. Mi consejo es que razones con tus hijos, nunca utilices palabras duras. Paciencia, amabilidad y amor, ése es el alimento que necesita un niño.

Sé amable. La amabilidad es gratis. No te cuesta nada y todo el mundo sale ampliamente beneficiado.

Cuando toco a Bach, estoy en el cielo.

Mi mundo es la música. La música es un sueño. Te lleva al paraíso.

Por ser música, me considero más rica que las personas más ricas del mundo.

Los niños tienen que estudiar música. Sirve para todo en la vida. Es una belleza que siempre está en mi mente.

Cuando estoy con gente joven, soy la más joven.

Me encanta la gente. Me interesan las vidas de los demás.

Nadie puede robarte la mente. Admiro al pueblo judío por su extraordinario compromiso con la educación elevada. La educación de los hijos es un valor familiar muy importante.

La comprensión de los otros puede conducir a la paz.

Puedo decir que la guerra sólo conduce a la guerra. Casi todas las religiones del mundo dicen «No matarás», sin embargo, la mayoría de las religiones matan en nombre de Dios. Incluso en las dagas de Hitler decía *Gott mit uns* («Dios con nosotros»).

Cada día es un milagro. No importa lo malas que puedan ser las circunstancias, tengo la libertad de elegir mi actitud de vida, incluso para encontrar dicha. El mal no es nuevo. Depende de nosotros cómo tratemos con el bien y el mal. Nadie nos puede quitar este poder.

La vida es hermosa. Sentarse con los amigos y hablar de todo es maravilloso.

No necesitamos cosas. Los amigos son preciosos.

Tenemos que apreciar el tiempo como un tesoro. Cada momento que pasa se va para siempre.

La música me salvó la vida. La música es mi Dios.

Mi optimismo me ha ayudado a sobrellevar mis días más oscuros. Me ayuda ahora.

Cuanto más leo, pienso y hablo con gente, más cuenta me doy de lo feliz que soy.

Cuando muera, me puedo ir con una buena sensación. He hecho lo mejor que he podido. Creo que he vivido mi vida de forma correcta.

AGRADECIMIENTOS

Sobre todo estoy profundamente en deuda con Alice Herz-Sommer. Tengo la esperanza de haber captado su vida justamente y de haber transmitido, aunque sólo sea, un mínimo del coraje y la inspiración que ella me ha dado.

Una extraordinaria deuda de gratitud con mis amigos Marion Wiesel, que me sugirió que escribiera este libro; Elie Wiesel y el presidente Václav Havel, por sus generosas contribuciones; y Oldrich Černý, director ejecutivo del Fórum 2000 y el Instituto de Valores de Praga, que descubrió y tradujo material que había sido descuidado sobre la vida de Michal Mareš. Y estoy agradecida al doctor Willard Gaylin por su sustento y coraje intelectual durante toda su vida.

Mi más sincero agradecimiento a las amigas de Alice, antiguas alumnas y parientes en Londres, Nueva York e Israel, que amablemente accedieron a que las entrevistase, recibiendo con alegría mis llamadas a lo largo de los últimos seis años; su información y sus visiones han sido inestimables.

Mi profundo agradecimiento a Lukáš Přibyl, historiador y director de documentales, que investigó los archivos de Terezin en busca de información relevante; al difunto Joža Karas, que generosamente compartió su investigación sobre la vida de Alice basada en su entrevista grabada con ella en Israel en la década de los setenta; Milan Kuna, musicólogo checo; a los fallecidos Karel Berman y Paul Sanford, por sus horas de sensible conversación y riqueza de recuerdos precisos; a Polly Hancock, por su sensible fotografía; a Sonia Cooper, por su ayuda; a los difuntos doctor Viktor Frankl y Hans Morgenthau, por compartir sus memorias; a Eva Haller, por su inagotable ánimo y entusiasmo; a Carsten Schmidt, el biógrafo de Felix Weltsch, que descubrió, y tradujo, una carta escrita por Leopold Sommer en los archivos de la Universidad Hebrea de Jerusalén; a Yuri Dojc, por sus hermosas fotografías; a Laura Siegel, por su brillante ayuda; y a Chaim Adler, Martin Anderson, doctora Sigrid Bauschinger, Ralph Blumenau, Clemente D'Alessio, Jacqueline Danson, Ruth Boronow, Yuri Dojc, Lucinda Groves, Zdenka Fantlova, Katya Krasova, Anita Lasker-Wallfisch, Annie Lazar, Hilde Limondjian, Nurit Linder, Anthony LoPresti, David Lowenherz, Ester Maron, Keith Menton, Edna Mor, Lea Nieman, Valerie Reuben, Lawrence Schiller, Meira Shaham, el doctor Alan Skolnikoff, Connie Steensma, Geneviève Teulières-Sommer, Robin Tomlinson, Ela Weissberger y al embajador Michael Žantovský, por sus inestimables contribuciones.

Este libro no estaría completo sin una nota muy especial de infinita gratitud a mi agente y amiga Marly Rusoff por su fe y su apoyo; a Cindy Spiegel, mi editora, por su fe en el proyecto y sus brillantes apuntes y consejos; y a Lorna Owen, por su comprensión y constante aliento. Y a mi querida hija, Anna Elizabeth Stoessinger, a quien le dedico este libro.

NOTAS

PRELUDIO

Xiv **«Donde queman libros»:** Heinrich Heine, *Almansor: Una tragedia* (1823), trad. Graham Ward (True Religion, 2003), p. 142.

xiv **Raphaël o *Rafi*:** Bedřich Štěpán Sommer era el nombre del hijo de Alice, aunque siempre lo llamaban Štěpán. Cuando ella y su pequeño de once años inmigraron a Israel, le cambiaron el nombre por el de Raphaël. En el libro me refiero a él como Raphaël o *Rafi*, como Alice hace en la actualidad, incluso cuando cuenta historias de él siendo bebé.

xvii **«Ésta es nuestra respuesta a la violencia»:** Leonard Bernstein, *Descubrimientos* (Nueva York: Simon & Schuster, 1982), p. 218.

xix **«El hombre sabio es aquel»:** Epícteto, citado en Lloyd Albert Johnson, *Una caja de herramientas para la humanidad. Más de nueve mil años de pensamiento* (Trafford Publishing, 2006), p. 158.

6   **«Alguien debe de haber calumniado a Josef»:** Franz Kafka, *El proceso,* trad. Stanley Corngold (Nueva York: W. W. Norton, 1966), p. 3.

6   **«Una mañana, tras un sueño intranquilo, Gregorio Samsa»:** Franz Kafka, *La metamorfosis,* trad. Stanley Corngold (Nueva York: W. W. Norton, 1966), p. 3.

6   **«Era tarde en la noche cuando K. llegó»:** Franz Kafka, *El castillo,* trad. Mark Harman (Nueva York: Schocken Books, 1998), p. 1.

6   **«Estoy familiarizado con la indecisión»:** Ronald Hayman, *Kafka. Una biografía* (Oxford University Press, 1982).

7   **«Nunca fue mi intención»:** Max Brod, Franz Kafka. *Una biografía,* trad. G. Humphreys Roberts y Richard Winston (Nueva York: Da Capo Press, 1995), p. 249. Esta declaración formaba parte del último párrafo del breve resumen de Kafka:

RESUMEN

Nací en Praga el 3 de julio de 1882. Fui a la escuela elemental de Altstädter hasta el cuarto curso, luego entré en la escuela de bachillerato del estado alemán de Altstädter. A los dieciocho años, comencé mis estudios en Praga, en la Universidad Karl Ferdinand (Universidad Charles). Después de superar los exámenes finales del estado, entré en la oficina del abogado Richard Lowy, Altstädter Ring, el 1 de abril de 1906, en período de prueba. En junio hice el examen oral de historia y en el mismo mes me gradué con el título de doctor en Leyes.

Como había sido previamente acordado con el letrado, entré en su oficina solamente para adquirir un año de experiencia. Nunca fue mi intención desarrollar mi vida profesional en la abogacía. Entré a su servicio el 1 de octubre de 1906 y me quedé hasta el 1 de octubre de 1907.

DOCTOR FRANZ KAFKA

7   «No podía entender»: Ibíd., p. 26.

8   «Así era él»: Ibíd., p. 107.

9   «Tener una persona»: Ibíd. La cita completa es: «No hay nadie aquí que me entienda plenamente. Tener una persona con tal comprensión, una mujer por ejemplo, significaría contar con un apoyo en cada lado, significaría tener a Dios».

10   «Unas manos tan suaves»: Ibíd., p. 196.

10   «Ése fue el comienzo»: Ibíd., p. 196.

2. UN CORAZÓN TOLERANTE

20   «Paz con honor»: Neville Chamberlain, discurso en el aeródromo de Hestony en el 10 de Downing Street, el 30 de septiembre de 1938, en *La historia de la humanidad. Nuestra historia desde la edad de piedra hasta nuestros días*, de James Cushman Davis (Nueva York: HarperCollins, 2003), p. 326.

22   «Los judíos de Bohemia y Moravia»: doctor Detler Muhlberger, *Una breve historia del gueto de Terezin* (Oxford, 1988). Http://www.johngoto.org.uk/terezin/history.html. Ronald H. Isaas y Kerry M. Olitzky, *Documentos críticos de la historia judía. Libro de consulta* (Northvale, N. J.: Jason Aronson, Inc.), pp. 38-48.

3. PELANDO PATATAS

30   **«No es casual que muchos me acusen»:** Entrevista con Oriana Fallaci publicada en la revista *Ms.*, en abril de 1973, p. 76.

36   **«Aunque no sé mucho de música»:** Menahem Meir, *Mi madre, Golda Meir* (Nueva York: Arbor House Publishing Company, 1983), p. 46.

37   **«Es deber de todos»:** Howard Taubman, *El maestro. La vida de Arturo Toscanini* (Nueva York: Simon & Schuster, 1951), p. 224.

37   **«Haciendo esto por humanidad»:** Ibíd., p. 227.

38   **«El hecho que Toscanini y otros»:** Menahem Meir, *Mi madre, Golda Meir* (Nueva York: Arbor House Publishing Company, 1988), p. 46.

39   **«Casi devoción religiosa»:** Ibíd., p. 45.

5. VOLVER A EMPEZAR

55   **«No puedes volver a casa»:** *No puedes volver a casa* es el título de una novela de Thomas Clayton Wolfe (1900-1938), un estadounidense de Carolina del Norte. El libro fue publicado póstumamente en 1940 por Harper and Brothers. Al acabar ese libro, Wolfe escribió: «No puedes regresar a tu familia, regresar a tu infancia... fama... regresar a los sueños de gloria de un joven, regresar a las antiguas formas y sistemas de las cosas que una vez parecían permanentes pero que están cambiando todo el tiempo; regresar al Tiempo y Memoria escapados».

Los libros de Wolfe eran éxitos de ventas en Alemania, donde fue agasajado por la sociedad literaria y tenía una amistad especial con Mildred Harnack. Con su marido, el alemán Arvid, organizó un grupo de resistencia con sus amigos antinazis y antiguos alumnos de la universidad. Los nazis le pusieron al grupo un nombre en código, *Die Rote Kapelle* («La Orquesta Roja»). En 1936, Wolf viajó por última vez a Berlín, para asistir a las Olimpiadas. Durante esa visita fue testigo de incidentes brutales contra los judíos. Inspirado por la señora Harnack, escribió una novela corta sobre sus experiencias, *Tengo una cosa que decirte*, que fue publicada en *The New Republic*. Después de que la historia apareciese en tres entregas el 10, el 17 y el 24 de marzo de 1937, los nazis censuraron los libros del autor y a él le prohibieron la entrada allí. Arvid Harnack fue arrestado y ejecutado en diciembre de 1942. Por órdenes de Hitler, Mildred, una estadounidense de Wisconsin, fue decapitada en la prisión de Plotzensee a principios de 1943.

62   **«Un grupo de Guardias Revolucionarios y otras pandillas»:** Michal Mareš, *Dnesek* 1, Praga, 11 de julio de 1946.

62   **«Si hay verdadera libertad»:** Michal Mareš, *Přicházím z periferie republiky* (Procedo de la periferia de la república), trad. Oldrich Černý (Praga: Academia Pres, 2009).

66   **«Él confirmó su plan»:** Según Pavel Koukal, editor de la autobiografía de Mareš, *Přicházím z periferie republiky*, Mareš «en el futuro, querría vivir al lado de Alice Herz Sommer, cuyo hijo Štěpán (*Rafi*) quería adoptar». En la página 177, Koukal hace referencia a una carta de Ivan Bambas-Bor a Mareš del 21 de agosto de 1947. Bambas-Bor invita a Mareš a dar una conferencia en

241

Kutná Hora, un pueblo a 40 kilómetros de Praga, esperando que éste viajase con Alice. También invitó a la pianista a que ofreciera un recital tras la conferencia.

6. LA CUCHARA DE HOJALATA

69   «La música es amor, y el amor es música»: Melissa Müller y Reinhard Piechocki, *Un jardín del Edén en el infierno*, trad. Giles MacDonogh (Londres: Macmillan, 2006), p. 67.

72   «Su muerte no fue terrible para ella»: Ibíd., p. 80.

76   «Estamos todos bien, excepto Štěpán»: Leopold Sommer, trad. Carsten Schmidt. Carta a Willy y Felix Weltsch, Israel, Universidad Hebrea de Jerusalén (JNUL), Arc. Ms. 418 Felix Weltsch, 26 de febrero de 1940.

78   «El amor no consiste en mirar»: Antoine de Saint-Exupéry, *Viento, arena y estrellas*, trad. Lewis Galantiere (Nueva York: Harcourt, 1939), p. 73.

7. NUNCA DEMASIADO VIEJA

84   «No es realmente una universidad en el normal»: Ralph Blumenau, Londres, Amazon.com perfil de Ralph Blumenau.

87   «Sin música, la vida sería»: Friedrich Nietzsche, *Crepúsculo de los ídolos* (1895), trad. Walter Kaufmann y R. J. Hollingdale, Maxims and Arrows, párrafo 33.

8. LA MÚSICA ERA NUESTRA COMIDA

97 **«Sin duda, estás hablando»:** Tim Smith, Baltimore, *Sun*, 2 de octubre de 2010.

98 **Sentado solo entre muchos ancianos**: Ivan Klíma, *El espíritu de Praga,* trad. Paul Wilson (Nueva York: Granta Books, 1993), p. 22.

105 **«El espejo divino de Chopin»:** *Música en Terezin 1941-1945* (Stuyvesant, Nueva York: Pendragon Press, 1990), pp. 172-173.

105 **«Sonríe al recordar *Tres canciones chinas*, de Pavel Haas»:** Mientras Pavel Haas escribía las canciones basadas en poesía china en un campo de concentración, su hermano actor, Hugo, estaba interpretando un papel en una película de Hollywood protagonizada por Gregory Peck. Haas pereció en Auschwitz. Hugo, quien había escapado a California antes de la guerra con su mujer no judía, vivió sus últimos tiempos interpretando pequeños papeles en numerosas películas.

10. INSTANTÁNEAS

122 **«Nada engañó a los intelectuales alemanes»:** Stefan Zweig, *El mundo de ayer* (Lincoln: University of Nebraska Press, 1964), p. 362.

122 **«Entonces llegó el fuego del Reichstag»:** Ibíd., pp. 364-365.

125 **«La memoria es el escriba»:** Aristóteles, citado en *Una enciclopedia de ilustraciones de moral y verdades religiosas,* de John Bates (Londres: Elliot Stock, 1865), p. 583.

132 **«No era, en ningún caso»:** Golda Meir, *Mi vida* (Nueva York: G. P. Putnam's Sons, 1975), p. 179.

132 **«Si tan sólo el acusado»:** Elie Wiesel, *Todos los ríos van al mar. Memorias*, trad. Marion Wiesel (Nueva York: Schocken Books, 1995), p. 348.

134 **«Yo sólo era responsable»:** El proceso de Adolf Eichmann, Registro de Procesos en el Juzgado de Primera Instancia de Jerusalén, volumen 5, Archivos del Estado de Israel, 1995, p. 1982.

134 **«Sí, pero él era judío»:** Peter Z. Malkin y Harry Stein, *Eichmann en mis manos* (Nueva York: Warner Books, 2000), p. 110.

135 **«Un transmisor»:** Transcripción del proceso de Adolf Eichmann, *Grandes procesos del mundo*, editado por Edward Knappman (Canton, Mich.: Visible Ink, 1997), pp. 132-337.

135 **«No podía aparta mis ojos»:** Wiesel, *Todos los ríos van al mar*, p. 347.

135 **«Yo nunca hice nada»:** Transcripción del proceso de Adolf Eichmann, *Grandes procesos del mundo*, editado por Edward W. Knappman (Canton, Mich.: Visible Ink, 1997), pp. 132-337.

135 **«Ahora que miro hacia atrás»:** Roger Cohen, «¿Por qué? Nuevas notas de Eichmann intentan explicar», *The New York Times*, 13 de agosto de 1999. Cohen escribe: «(Eichmann) se quejaba regularmente de que no se cumplían las cuotas de los campos de muerte, de los problemas de llevar a todos los judíos franceses a los campos de muerte y del intermitente fracaso en el empeño de que los italianos cooperaran. Hasta 1944,

tuvo un papel principal, y decidido, en la matanza de los judíos húngaros y, en agosto de ese año, informó que cuatro millones de judíos habían muerto en los campos de muerte y otros dos millones más a manos de las unidades de exterminio móviles nazis en Europa oriental. En ningún momento mostró la más mínima compunción acerca de la planificación, organización y ejecución de lo que acabaría conociéndose como el Holocausto».

135 **«Legalmente no, pero»:** Transcripciones del proceso de Adolf Eichmann, *Grandes procesos del mundo*, editado por Edward W. Knappman (Canton, Mich.: Visible Ink, 1997), pp. 132-337.

136 **«Saltaré a mi tumba»:** Ibíd., pp. 124-337.

136 **«Banalidad del mal»:** Hannah Arendt, *Eichmann en Jerusalén. Un informe sobre la banalidad del mal* (Nueva York: Penguin, 1977), p. 252.

136 **«La triste verdad»:** Ibíd., p. 276. «(Arendt) concluye que la incapacidad de hablar coherentemente en la sala de Eichmann estaba conectada con su incapacidad de pensar, o de pensar desde el punto de vista de otra persona. Su superficialidad no tenía nada que ver con la estupidez. No mostró odio, locura o una insaciable sed de sangre, sino algo mucho peor, la naturaleza sin rostro del mal nazi en sí, dentro de un sistema cerrado dirigido por gánsteres patológicos, con la intención de desmantelar la personalidad humana de sus víctimas. Los nazis consiguieron poner patas arriba el orden legal, cimentando una nueva "justicia" a base de falsedad y maldad. En el Tercer Reich, el mal perdió su característica distintiva por la que la mayoría de la gente lo reconocía hasta entonces. Los nazis lo

redefinieron como norma social. El bien convencional se convirtió en una mera tentación que la mayoría de los alemanes aprendieron rápidamente a resistir. En este mundo patas arriba, Eichmann (quizá, como Pol Pot cuatro décadas después) parecía no haberse dado cuenta de que había hecho mal. En cuestiones de moralidad elemental, Arendt advertía: lo que había considerado instintos decentes ya no se podían dar por sentados». De la introducción de Amos Elon, p. XIII.

137   «Existe una extraña interdependencia»: Ibíd., p. 288.

138   «Si quieres conocerte a ti mismo»: Edgar Alfred Bowing, *Friedrich Schiller* (Londres: John W. Parker & Son), 1851.

138   «Yo sólo decía lo que todo el mundo»: Max Bruch, Carta a Estera Henschel, anticuario de música, doctor Ulrich Drüner, Stuttgart, Catálogo 65, 2009, p. 23.

12. SIN PALABRAS DURAS

145   «Comenzamos una vida sencilla»: Paul Tortelier y David Blum, *Paul Tortelier: Un autorretrato* (Londres: William Heinemann, 1984), p. 112.

148   «El arte de Johann Sebastian Bach»: Ibíd., p. 24.

13. PRIMER VUELO

155   «El Estado de Israel queda establecido»: Golda Meir, *Mi vida* (Nueva York: G. P. Putnam's Sons, 1975), p. 228.

155 «¡El estado de Israel!... y yo»: Ibíd., p. 226.

156 «El Estado de Israel estará abierto»: Ibíd., p. 227.

156 «En Basilea, encontré»: Ibíd., p. 226.

156 «En cinco años»: Ibíd., p. 226.

157 «Es absolutamente esencial»: Daniel Barenboim, http://www. west-eastern-divan.org/the-orchestra/ daniel- barenboin.

159 «Sé paciente con todo»: Reiner Maria Rilke, *Cartas a un joven poeta*, trad. M. D. Herter (Nueva York: W. W. Norton, 1934), p. 27.

14. ALICE LA PROFESORA

166 «Yo compongo para la gloria»: Joseph Machlis, *El gozo de la música* (Nueva York: W. W. Norton).

15. CÍRCULO DE AMIGOS

193 **Zdenka Fantlova,** *El anillo de hojalata. Cómo engañé a la muerte*, trad. Deryck Viney (Newcastle upon Tyne, U. K: Northumbria Press, 2010), p. 35.

CODA: ALICE EN LA ACTUALIDAD

200 «Nuestro arte consiste en»: Brod, *Franz Kafka.*

200 «Escribir es una forma de oración: Ibíd., p. 214.

203 «Dios es el silencio»: Elie Wiesel, *Ani Maamin,* trad. Marion Wiesel (Nueva York: Random House, 1973), p. 87.

203 **«El Dios de Spinoza se revela»:** Alberto A. Martínez, *Secretos de la ciencia: La verdad sobre Darwin Finches, la esposa de Einstein y otros mitos* (Pittsburgh: University of Pittsburgh Press, 2011).

207 **«Hasta nuestro tiempo no»:** Zweig, *El mundo de ayer*, p. xxi.

207 **«Nuestra mayor deuda de gratitud»:** Ibíd., p. xii.

207 **«Indestructible»:** «El hombre no puede vivir sin una confianza permanente en algo indestructible dentro de sí mismo». Brod, *Franz Kafka*, p. 214. Según Brod: «En esta frase, Kafka formuló su posición religiosa».

BIBLIOGRAFÍA

ARENDT, HANNAH, *Eichmann en Jerusalén. Un informe sobre la banalidad del mal.* Nueva York: Penguin, 1977.

BASCOMB, NEAL, *La captura de Eichmann.* Nueva York: Houghton Mifflin, 2009.

BERNSTEIN, LEONARD, *Descubrimientos.* Nueva York: Simon & Schuster, 1982.

BROD, MAX, *Franz Kafka: Una biografía.* Traducida por G. Humphreys Roberts y Richard Winston. Nueva York: Da Capo Press, 1960.

BRYANT, CHAD, *Praga en negro. Mandato nazi y nacionalismo checo.* Cambridge, Mass.: Harvard University Press, 2007.

ELON, AMOS, *La lástima de todo esto: un retrato de la época germanojudía,* 1742-1933. Nueva York: Henry Holt, 2009.

FANTLOVA, ZDENKA, *El anillo de hojalata: cómo engañé a la muerte.* Traducido por Deryck Viney. Newcastle upon Tyne, U. K.: Northumbria Press, 2010.

FRANKL, VIKTOR E., *La búsqueda de sentido del hombre.* Traducido por Else Lasch, Harold Kushner y William J. Winslade. Boston: Beacon Press, 1959.

GARRETT, DON, ed., *La compañía de Cambridge para Spinoza.* Nueva York: Cambridge University Press, 1996.

GILBERT, MARTIN, *Una historia del siglo veinte. Volumen II: 1933 - 1951.* Nueva York: William Morrow, 1999.

—, *El holocausto: una historia de los judíos de Europa durante la segunda guerra mundial.* Nueva York: Holt, Rinehart y Winston, 1986.

—, *Israel. Una historia.* Nueva York: William Morrow and Company, 1998.

—, *Los justos: los héroes anónimos del Holocausto.* Nueva York: Henry Holt, 2003.

GOLDSMITH, MARTIN, *La sinfonía inextinguible. Una historia real de música y amor en la Alemania nazi.* Nueva York: John Wiley & Sons, 2000.

GOLDSTEIN, REBECCA, *Traición a Spinoza. El judío renegado que nos dio modernidad.* Nueva York: Schocken Books, 2006.

HERZL, THEODOR, *El Estado judío.* Nueva York: Dover Publications, 1988.

KAFKA, FRANZ, *El castillo.* Nueva York: Schocken Books, 1998.

—, *Queridísimo padre.* Traducido por Hannah y Richard Stokes. Surrey, Reino Unido: One World Classics, 2008.

—, *Diarios 1910-1923.* Traducido por Joseph Kresh y Martin Greenberg, con la colaboración de Hannah Arendt. Nueva York: Schocken Books, 1948.

—, *Cartas a amigos, familiares y editores.* Traducido por Richard y Clara Winston. Nueva York: Schocken Books, 1977.

—, *La metamorfosis.* Traducido por Stanley Corngold. Nueva York: W. W. Norton & Company, 1972.

—, *El proceso.* Traducido por Breon Mitchell. Nueva York: Schocken Books, 1998.

KARAS, JOŽA, *Música en Terezin, 1941-1945.* Stuyvesant, Nueva York: Pendragon Press, 1990.

KENNEDY, JOHN F., *Por qué dormía Inglaterra.* Arden City, N. Y.: Dolphin Books, 1962.

KLIMA, IVAN, *El espíritu de Praga*. Traducido por Paul Wilson. Nueva York: Granta Books, 1974.

KUNA MILAN, *Hudbanahranicizivota* (Música al borde de la vida). Naše vojsko—Český svaz protifašistických bojovníků. Praga, 1990.

KURZ, EVI, *La saga Kissinger: Walter y Henry Kissinger, dos hermanos de Furth, Alemania*. Londres: Weidenfeld & Nicolson, 2000.

LANG, JOCHEN VON, editor, *Interrogatorio de Eichmann. Transcripciones de los archivos de la policía israelí*. Traducido por Ralph Manheim. Nueva York: Farrar, Straus&Giroux, 1983.

LEVI, ERICK, *Música en el Tercer Reich*. Londres: Macmillan, 1994.

LEVI, PRIMO, *Supervivencia en Auschwitz*. Traducido por Stuart Wolf. Nueva York: Simon & Schuster, 1996.

LIPSTADT, DEBORAH E., *El proceso de Eichmann*. Nueva York: Schocken Books, 2011.

MALKIN, PETER Z., y HARRY STEIN. *Eichmann en mis manos*. Nueva York: Warner Books, 1990.

MEIR, GOLDA. *Mi vida*. Nueva York: G. P. Putnam's Sons, 1975.

MEIR, MENAHEM, *Mi madre, Golda Meir*. Nueva York: Arbor House, 1983.

MILLER, JAMES, *Vidas examinadas. Desde Sócrates hasta Nietzsche*. Farrar, Straus and Giroux, 2011.

MÜLLER, MELISSA, y REINHARD PICCHOCKI, *Un Jardín del Edén en el Infierno*. Traducido por Giles MacDonogh.

NEWMAN, RICHARD, y KAREN KIRTLEY, *Alma Rose. Viena, Auschwitz*. Portland, Ore.: Amadeus Press, 2000.

RILKE, RAINER MARIA, *Cartas a un joven poeta*. Traducido por M. D. Herter. Nueva York: W.W. Norton, 1954.

ROBERTSON, RITCHIE, *Kafka*. Nueva York: Sterling, 2010.

SAINT EXUPÉRY, ANTOINE DE, *Viento, arena y estrellas*. Traducido por Lewis Galantiere. Nueva York: Harcourt, 1939.

SECKERSON, EDWARD, *Mahler*. Nueva York: Omnibus Press, 1983.

TAUBMAN, HOWARD, *El maestro. La vida de Arturo Toscanini*. Nueva York: Simon & Schuster, 1951.

TORTELIER, PAUL, y DAVID BLUM, *Paul Tortelier. Un autorretrato*. Londres: William Heinemann, 1984.

WALLFISCH-LASKER, ANITA, *Hereda la verdad: Unas memorias de supervivencia y el Holocausto*. Nueva York: St. Martin's Press, 2000.

WIESEL, ELI, *Ani Maamin. Una canción perdida y vuelta a encontrar*. Traducido del francés por Marion Wiesel. Nueva York: Random House, 1973.

—, *Memorias. Todos los ríos van al mar*. Nueva York: Alfred A. Knopf, 1995.

ZWEIG, STEFAN, *El mundo de ayer*. Nueva York: Viking Press, 1943.

ACERCA DE LA AUTORA

 Caroline Stoessinger es una pianista que ha actuado en los escenarios del Carnegie Hall, del Lincoln Center y del Metropolitan Museum of Art, y en innumerables salas de conciertos de todo el mundo. Durante veinticinco años ha tocado en diversas ocasiones con el Tokyo String Quartet y la Brooklyn Philharmonic Orchestra. Stoessinger ha producido y escrito guiones para programas de televisión y para eventos públicos, como el *Tributo a Schindler*, en el Museo Conmemorativo del Holocausto de Estados Unidos, en la capital estadounidense, o la primera producción de *Brundibár*, en la ciudad de Nueva York. Ejerció de directora artística en la catedral de San Juan el Divino y de los festivales de cine del legado de Shoah en Praga y Nueva York. Es, asimismo, directora artística de la orquesta de cámara en el Tilles Center, profesora y artista residente en el John Jay College, directora artística de los Newberry Chamber Players en la Opera House de Newberry, y presidenta de la Academia Mozart. Vive en la ciudad de Nueva York.